**Bibliografische Information der Deutschen Nationalbibliothek:**

Die Deutsche Bibliothek verzeichnet diese Publikation in der Deutschen National-bibliografie; detaillierte bibliografische Daten sind im Internet über http://dnb.d-nb.de/ abrufbar.

**Impressum:**

Copyright © 2016 GRIN Verlag
Druck und Bindung: Books on Demand GmbH, Norderstedt Germany
ISBN: 9783346122889

**Dieses Buch bei GRIN:**

https://www.grin.com/document/535110

Martin Bülow, Karl Neumann

# Grauenhaftes Rotes Paradies. Drei Jahre Kriegsgefangener in Sowjetrussland

## Ein Menetekel

GRIN Verlag

**GRIN - Your knowledge has value**

Der GRIN Verlag publiziert seit 1998 wissenschaftliche Arbeiten von Studenten, Hochschullehrern und anderen Akademikern als eBook und gedrucktes Buch. Die Verlagswebsite www.grin.com ist die ideale Plattform zur Veröffentlichung von Hausarbeiten, Abschlussarbeiten, wissenschaftlichen Aufsätzen, Dissertationen und Fachbüchern.

**Besuchen Sie uns im Internet:**

http://www.grin.com/

http://www.facebook.com/grincom

http://www.twitter.com/grin_com

# Grauenhaftes Rotes Paradies

## Drei Jahre Kriegsgefangener in Sowjetrussland

### Ein Menetekel

Bericht

von

# Karl Neumann †

**Maspeth, Queens, im November 1953**

Herausgegeben

von

## Martin Bülow

**Ostseebad Dierhagen, am 22. Juni 2016**

# Inhaltsverzeichnis

Mr. H. Krebs
in Dankbarkeit

*(Unterschrift)*

Maspeth im November 1953

Kopie des von *Karl Neumann* unterzeichneten Widmungsblattes
im Original des Berichts

**Vorwort des Herausgebers**

Während der Jahre 1992-2005, meiner Zeit in den USA, lernte ich am *BOC Group Technical Center* in Murray Hill, NJ, die Deutsch-Amerikanerin Frau *Gerda Rott* kennen. Sie war Notarin in der Patentabteilung dieses Forschungsinstitutes. Kurz vor ihrem Ausscheiden aus dem Institut übergab sie mir einen Schreibmaschinen-Durchschlag des vorliegenden Berichtes *Grauenhaftes Rotes Paradies.- Drei Jahre Kriegsgefangener in Sowjetrussland* eines Herrn *Karl Neumann* über seine dreijährige Kriegsgefangenschaft in Russland nach dem 2. Weltkrieg. Frau *Rott* bemerkte dazu, dass diese Schrift von vielen Menschen, vor allem deutschen, gelesen werden sollte. Sie wusste aber nichts über eine etwaige Veröffentlichung und Verbreitung durch den Verfasser selbst. Wegen der Möglichkeit, dass ich nach Deutschland zurückkehren könnte, wäre die Niederschrift bei mir in besseren als in ihren Händen.

Die erschütternde Authentizität einer grauenvollen Zeit, die aus dieser Niederschrift hervortritt, die offenbar jeden Gedanken an deutsche Schuld und Sühne in weite Ferne rückt, hatte sich über mehr als einem Dutzend Jahren in meinem Bewusstsein festgesetzt, und ich entschloss mich schließlich, das Manuskript zu veröffentlichen. Der vorliegende Text entspricht dem Original exakt und bis in seine letzte Passage. Es ist ein auch in jedem Wort unverfälschter Bericht, der einzig und allein die Erlebnisse, Gefühle und Auffassungen von Herrn *Neumann* wiedergibt. Die Fußnoten zum Text stammen ausnahmslos von mir, auch hier enthalte ich mich strikt, eine eigene Meinung zu äußern.

Um Datenschutz und Urheberrechte zu wahren, habe ich zunächst versucht, Herrn *Karl Neumann* oder Nachfahren von ihm zu finden. Ein Telefonat mit Frau *Rott*, das ich am 17. Dezember 2015 geführt habe, brachte nur die mir bereits bekannte Information, dass Herr *Neumann* vormals in Maspeth, einem Teil von Queens in New York City, gelebt habe, aber von dort in unbekannter Richtung verzogen sei. Um ihn oder eventuell einen Nachfahren ausfindig zu machen sowie Umstände seines weiteren Lebens in Erfahrung zu bringen, habe ich Nachforschungen über die amerikanischen Suchdienste *US Person Finder, ZabaSearch, Spokeo* und *People Search from Intelius* angestellt. Dies war ein vergebliches Unterfangen. Daher habe ich im Weiteren Erkundigungen über Herrn *Henry Krebs*, dem Herr *Neumann* als *H. Krebs* seinen Bericht gewidmet hatte, in die Recherche einbezogen. Allein eine unsichere und unzureichende Information wurde auf diesem Wege in einem vertretbaren Zeitraum zugänglich. Am 16. März 2016 führte ich ein Telefonat mit einem in Maspeth, Queens, lebenden Herrn *Jerome H. Krebs*. Er befand sich offenbar zum Zeitpunkt dieses Gesprächs in einem hohen Lebensalter. Herr *J.H. Krebs* teilte mir mit, dass der Gesuchte sein Vater *Henry Krebs* gewesen sei, der allerdings vor Jahren verstorben war. Er versprach, eine Information über den Verbleib von Herrn *K. Neumann*, dessen er sich dunkel erinnere, bzw. dessen Familie in Erfahrung bringen zu wollen. Ein sich anschließender Austausch von Briefen und elektronischen Nachrichten brachte leider kein zusätzliches Wissen.

Über Kriege, ihre Schrecken, das Sterben und Leiden von vielen Millionen Menschen ist eine schier unübersehbare schöngeistige Literatur bekannt, sie gibt es vom Anbeginn der Existenz literarischen Schrifttums in immer neuen Variationen und Farben. Als wenige Beispiele hierfür aus jüngerer Zeit mögen Werke von *L.N. Tolstoj, L. Frank, W.S. Grossman* und *N.K. Mailer* dienen. Gefangenschaft und Lagerhaft sind ein spezielles Thema, das von vielen Schriftstellern, z.B. von *F.M. Dostojewski, A.I. Solzhenizyn* und *B. Apitz*, behandelt worden ist. Erlebnisberichte, Tagebuch-Aufzeichnungen, authentische Erinnerungen, die beispielsweise durch Werke von *W. Borchert, A. Kantorowicz, M. Abu-Jamal* oder *J. Bacque* vertreten seien, sollten eigentlich in ähnlichem Umfang vorliegen. Doch diese Art von Niederschriften scheint – obwohl äußerst zahlreich [1] - dem lesenden Publikum weniger bekannt zu sein, womöglich da sie zutiefst privater Natur sind und in ihrer Mehrzahl einer künstlerischen Bearbeitung entbehren. Daher scheinen sie oft einem breiteren öffentlichen Interesse vorenthalten und prinzipiell weniger publiziert zu werden. Offenbar befinden sich diese Schriften vor allem in kaum zugänglichen Archiven sehr unterschiedlicher Art und sehr oft in privater Hand. Die Verlustrate in der letzten Kategorie ist demzufolge sehr hoch, und sie wächst mit dem zeitlichen Abstand vom beschriebenen Geschehen. Mündliche Berichte sind praktisch versiegt – fast alle Zeitzeugen sind inzwischen verstorben. [2]

Es scheint Zeiten zu geben, in denen vor allem die privaten schriftlichen Berichte eine Renaissance erleben sollten. Diese Zeiten sind von der Entwicklung größerer politischer und militärischer Konflikte geprägt. Die gegenwärtig schnell wachsende Gefährdung des Lebens unzähliger Menschen und das schwindende Wissen der lebenden Generationen um Grauen und Schrecknisse von Kriegen sowie deren Folgen stellen es anheim, im privaten und öffentlichen Bewusstsein die Erinnerungen an Krisenzeiten der Menschheit wach zu halten, oder sie zwingen häufig dazu, es gar wieder zu erwecken. Dieses Anliegen ist der Grund für die nicht kommerziell zu verwertende Veröffentlichung des vorliegenden, bisher unbekannten Berichtes von *Karl Neumann*. Er möge Wissen, Mahnung und Warnung vor allem für die jüngeren Generationen sein – zugleich aber auch Größe und Leidensfähigkeit der menschlichen Natur bezeugen.


Dierhagen, den 22. Juni 2016                                 Martin Bülow


*Wehe den Besiegten!*
Gallischer Heerführer *Brennus,* 4. Jh. A.D., nach der Eroberung Roms

---

[1] Allein unter dem Begriff „Russische Kriegstagebücher" findet man bei *Google* nicht weniger als 48 100 Einträge.

[2] Während seiner Beschäftigung mit dem vorliegenden Bericht erinnerte sich der Herausgeber oft und ehrend eines Onkels mütterlicherseits, Herrn *Willi Conrad*, dem es nach dreijähriger Kriegsgefangenschaft in der Sowjetunion gegen Ende der 1940er Jahre zu entkommen gelang.

**1. Kapitel.** *Mein Weg in amerikanische Kriegsgefangenschaft*

Wenn ich heute, nachdem nunmehr bereits fünf Jahre wieder vergangen sind, doch noch zur Feder greife, um meine Erlebnisse in russischer Kriegsgefangenschaft in den Jahren Mai 1945 bis Mai 1948 niederzuschreiben, so tue ich dies einmal, um mir diese Geschehnisse zu erhalten und zum anderen, um vielen Freunden einen Blick zu ermöglichen, der weit hinter den *Eisernen Vorhang* führt: mitten hinein in dieses graue, unfrohe, jämmerliche, primitive und armselige Alltagsleben eines *Plennyj* [3, 4].

Ich bin nun in Amerika, einem Land, wo ich ohne Bedenken dies alles so niederschreiben kann, wie es mir in der Erinnerung gegenwärtig ist, ohne Angst haben zu müssen, verhaftet zu werden und dieses alles, was ich beim Niederschreiben dieser Zeilen ein zweites Mal erlebe, noch ein weiteres Mal mitmachen zu müssen.

So ist dies alles, was nachfolgt - an Glaubhaftem oder Unglaubhaftem – alles Erlebtes. Ich schreibe nur *meine* Kriegsgefangenschaft nieder und nicht die anderer deutscher, rumänischer, italienischer, ungarischer oder japanischer Soldaten. Deshalb ist diese Niederschrift keine Novelle, Erzählung, Roman oder sonst eine *story*. Es ist ein *Bericht*, und darin liegt der Wert.

Wenn ich nun beginne, so muss ich zum besseren Verständnis weit zurückgreifen. Ich wurde im April 1942 Soldat und auf einem Feldflughafen in Polen eingesetzt. Im Winter 1942/43 war ich im Raum Stalingrad – Kaukasus, Anfang 1943 in Krasnodar im Kaukasus, später am Kuban-Brückenkopf zum Einsatz gelangt. Ich wurde Spezialist für Luftwaffen-Munition. 1943 bis Mai 1944 war ich auf der Krim, entkam mit dem vorletzten Flugzeug, welches die Krim verließ am 11. Mai 1944 aus dem Brückenkopf von Sewastopol nach Rumänien, und ich ging von dort nach Deutschland zur Schulung für alliierte Bombenzünder. Darum entging ich wiederum der sicheren Gefangenschaft in Rumänien. Im

---

[3] *Plennyj*: Kurzform von *Vojennoplennyj* (russ.: *военнопленный*), russisches Wort für Kriegsgefangener

[4] Beim aufmerksamen Lesen des vorliegenden Berichtes mag des Öfteren auffallen, wie sich der Erzähler immer wieder in finstere Ecken seiner sicher nationalsozialistischen Sozialisierung zurückzieht. Fremdenfeindlichkeit, speziell Russophobie, und „europäische" (oder besser deutschnationale?) Überheblichkeit fallen speziell beim wiederholten Lesen auf. Vorzuwerfen ist ihm dies allerdings nicht. Die Mischung des im sogenannten Dritten Reich Anerzogenen und der Eindrücke, die die Zustände in der russischen Wirklichkeit - speziell eines Kriegsgefangenen - bei ihm hervorrufen, fördern eine Art selbsterfüllender Prophezeiung. Leider ist diese Form der Russenfeindlichkeit zumindest in Deutschland bis heute recht verbreitet, vielleicht hat sie sogar zugenommen. Und so kann sie eine Rolle spielen bei der Begründung eines „harten" Vorgehens gegen „die" Russen und damit auch zur Reduzierung der Schwelle beim Denken an einen neuen Krieg beitragen. Man denke nur an die erschütternden Äußerungen oder Nicht-Äußerungen der großen Mehrzahl deutscher Politiker zum 75. Jahrestag des Überfalls auf die Sowjetunion.

Herbst 1944 [5] habe ich in Budapest englisch-amerikanische Langzeitzünder-Bombenblindgänger geräumt. Im April 1945 war ich in einer kleinen Stadt in der Slowakei, inzwischen von der Luftwaffe zum Heer versetzt.

Der Zusammenbruch des Deutschen Reiches war sicher. Das Desertieren in der Armee nahm Überhand. Der damalige General Süd-Ost *Schörner* [6] ließ kurzerhand alle Deserteure an dem nächstbesten Baum aufhängen; brave, tapfere deutsche Soldaten, die jahrelang in Russlands Eiswüste gedarbt und gedurstet hatten und deren ganzer Fehler es war, dass sie dachten ........

Denken, selbständig denken war verboten. Der preußische Kommis feierte unter *Schörner* seine letzten, großen Triumpfe. Es gab nur Eines: Gehorchen, Gehorchen um jeden Preis. Und Stehen! Keinen Schritt zurück mehr. Dabei standen wir schon in Deutschland, und die amerikanische Armee schickte sich an, die Elbe zu überschreiten!

Es war kein Ein- nur noch ein Ausatmen! Weniger noch: Es war ein letztes Röcheln eines zu Tode getroffenen Heeres, eines Heeres, dessen Soldaten müde geworden waren in sieben Jahren Frontdienst, die nach Hause wollten.

So war die Situation Ende April 1945. So erkannte ich sie damals richtig. Daraus erwuchs mein Handeln. Meine Heimatstadt Zwickau war 400 km von meinem damaligen Standort entfernt. Ich hatte alles gut vorbereitet. Bei einem mir wohlgesinnten tschechischen Schornsteinfegermeister hatte ich mir eine komplette Schornsteinfeger-Uniform und -Ausrüstung besorgt; auch etwas an Lebensmitteln und ein Fahrrad. In den letzten Apriltagen wagte ich das gefahrvolle Spiel. In zwei bis drei Tagen wollte ich zu Hause sein. Wollte ich! Es wurden drei Jahre daraus; drei bittere, harte, um das armselige Leben ringende Jahre.

Meist fuhr ich nachts und umging alle Fährnisse. Bei einer Kontrolle durch die Feldpolizei an einem Straßenknotenpunkt vor Pardubice am Tage kehrte ich die dort stehenden Hausschornsteine und fuhr, auf mein sprichwörtliches Glück vertrauend, an der Kontrolle vorbei, weil ich wusste, dass diese mich beobachtet

---

[5] Im Bericht steht hier fälschlicherweise „1945".

[6] *Ferdinand Schörner*, 1892-1973. Am 5. April 1945 wurde *F. Schörner* noch zum Generalfeldmarschall befördert. *Hitler* ernannte ihn ferner in seinem Testament zum Oberbefehlshaber des Heeres. Die *Schörner*-Armee kämpfte im Sudetengebiet noch nach der Kapitulation am 8.Mai, vermutlich um die deutsche Bevölkerung zu schützen. Danach konnte *Schörner*, als Zivilist getarnt, nach Westen fliehen und sich bis Ende Mai 1945 verstecken. Dann wurde er von US-Truppen gefangen genommen und an die Rote Armee ausgeliefert. Er wurde von einem sowjetischen Kriegsgericht zu 25 Jahren Straflager verurteilt und im Januar 1955 freigelassen. Wie seine Geständnisse in den sogenannten *Ljubljanka*-Protokollen zustande gekommen waren, ist ziemlich umstritten. 1957 wurde *Schörner* erneut verhaftet und vor ein bundesdeutsches Gericht gestellt. Er wurde wegen der von ihm vor Kriegsende ausgesprochenen Todesurteile zu viereinhalb Jahren Gefängnis verurteilt, nach zwei Jahren aber bereits wieder entlassen.

hatte. Bis dorthin war es die Hälfte der Strecke. Es waren bereits 2 ½ Tage vergangen. Von Einheimischen erfuhr ich, dass russische Panzer bereits den Elbdurchbruch durch das Erzgebirge erreicht hatten. Bis ich dort war, waren die Russen vermutlich bereits in Karlsbad, und der Weg nach Zwickau wäre abgeschnitten. Aber ich musste handeln. So entschloss ich mich, von Pardubicze nördlich an Prag vorbei nach dem Bayrischen Wald durchzustoßen und dort zu der amerikanischen Armee als Gefangener zu gehen - da mir bekannt war, dass viele Deutsche sofort entlassen wurden.

Ich will mir die Einzelheiten sparen, wie ich es geschafft habe, dieses Ziel zu erreichen; es war fast mehr als menschenmöglich. Ausgehungert, angstdurchschwitzt, nachts, wenn alles unwirklich und schemenhaft erscheint, über Felder fahrend, durch Flüsse schwimmend und doch ..... heute weiß ich, es war beinahe ein romantisches Räuberkinderspiel gegenüber dem, was ich in den nächsten Monaten noch mitmachen sollte.

So sah ich in den ersten Maitagen hinter Winterberg im Bayrischen Wald [7] die ersten alliierten Truppen. Mein Hunger war zu groß, als dass ich hätte weiter versuchen können, mich durchzuschlagen. Ich ging hin und bat in meinem Schulenglisch um etwas zu essen. Es gab freilich ein großes *Hello* um den deutschen Essenkehrer, aber für diesen gute und ausreichende Verpflegung für die nächsten zwei Tage. Dann ging es weiter zurück in ein Waldlager, und ich tauchte in den Massen einer geschlagenen Armee unter, aber immer in der Hoffnung, bald entlassen zu werden [8] Es kam leider ganz anders.

---

[7] *Winterberg* liegt nicht im BayerischenWald, sondern noch im böhmischen Teil, zu Deutsch hieß es *Winterberg am Böhmerwald* - heute *Vimperk Sumava*.

[8] Die Hoffnung des Erzählers auf ein gutes Ende seiner Kriegsjahre über eine amerikanische Kriegsgefangenschaft hätte sich wohl auch insofern als trügerisch erweisen können, als – wie jahrelang von offizieller Seite diesseits und jenseits des Atlantischen Ozeans verheimlicht worden war – in dieser Gefangenschaft wie auch in französischen Lagern unsagbar katastrophale Zustände geherrscht haben. Sie standen jenen in so manchen sowjetischen Lagern in nichts nach. Die Bedingungen in den Lagern der genannten westlichen Alliierten haben während zweier Jahre mehr als einer Million ehemaliger deutscher Soldaten das Leben gekostet (*J. Bacque,* Der geplante Tod: Deutsche Kriegsgefangene in amerikanischen und französischen Lagern 1945-1946, Pour le Mérite – Verlag, 2008). Die denkbar widrigsten, menschenunwürdigen Umstände in diesen Lagern, wie auch von nächsten Verwandten und nahen Bekannten des Herausgebers, die in solchen Lagern weilten, berichtet worden war, entsprachen gewissen Festlegungen der bis Mitte 1947 gültigen Direktive JCS 1067 der *Combined Chiefs of Staff*, mit Hilfe welcher nach dem Willen höchster US-amerikanischer Politiker und Militärs Deutschland ein *Karthagischer Frieden* im Sinne/in Abwandlung des berüchtigten *Morgenthau*-Plans auferlegt werden sollte. Die Zahlenangaben in *Wikipedia* zu den Toten in den Lagern der Alliierten sind schlichtweg falsch:
https://de.wikipedia.org/wiki/Kriegsgefangene_des_Zweiten_Weltkrieges#Verluste_unter_den_de utschen_Kriegsgefangenen.

## 2. Kapitel. *Russischer Plennyj (Kriegsgefangener)*

Der Krieg war beendet, und nur spärlich drangen Nachrichten in unser Waldleger – dafür umso mehr Parolen. Das Essen war ausreichend für diese Situation. Das Schlafen auf dem kühlen Waldboden ohne wärmende Decken, die nur die wenigsten noch hatten, brachte Durchfall, Ruhr und andere Erkältungen. Der Leidensweg einer Armee hatte begonnen. Das Gerücht kam auf, dass wir den Russen übergeben werden sollen. Irgendwoher kam es, hielt sich hartnäckig, und … es wurde Wahrheit. Plötzlich waren russische Panzer da. Der Ruf „Ury [9] jestj?" wurde zu einem Schreckensruf für eine ganze Armee. Die wilden Horden des *Tschingis Khan* [10] schienen nach 800 Jahren noch einmal in die westliche Zivilisation eingebrochen zu sein, urhaft und ungehemmt, zügellos. Sie sollten, wie wir heute noch sehen, noch einmal zum Schrecken für die abendländische Kulturwelt werden. Für wie lange?

Mit jenem Ruf schwand für die nächste Woche jegliche Verpflegung. Wir gingen dazu über, Brennesseln zu kochen. Täglich waren wir - je nach Laune der russischen Soldaten und Offiziere - mehreren Filzungen ausgesetzt, die mit Schlägen, Fußtritten und Beschimpfungen das zu erlangen suchten, was wir längst nicht mehr besaßen: Uhren, Ringe, Gold, Silber, Geld und alles, was irgendwie vermutlichen Wert haben könnte. Nadeln, Scheren, Bleistifte, Füllhalter, alles dies gehörte genau so dazu wie gute Wehrmachtsschuhe und -stiefel und unsere läusefreien Hemden, soweit diese uns nicht schon von den Vorgängern abgenommen worden wären. So gingen unsere letzten Habseligkeiten in „asiatischen" Besitz über.

Ich vermutete damals, wie arm, wie jämmerlich besitzlos diese Russen sein mussten, da sie sich auf jede Kleinigkeit stürzten. Was ich jedoch später in dieser Beziehung erlebte, übertraf alle Vermutungen haushoch.

So hatte der dornenreiche Weg für mich begonnen. Von Waldlager zu Waldlager marschierten wir. Immer schwer bewacht, hungrig, zerlumpt und zerrissen. Manchmal brach einer aus, entkam in den dichten Wäldern für Tage der Gefangenschaft, fiel in die Hände tschechischer Partisanen oder wurde anderswo wieder von Russen aufgegriffen. Ich glaube, es sind nur ganz wenige, die wirklich durch Flucht der Gefangenschaft entronnen waren. Hin und wieder bekamen wir, die wir noch immer von Camp zu Camp marschierten, abends etwas Mais oder auch Brot. Tags warfen uns mildtätige Hände ein paar gekochte Kartoffeln oder ein paar Möhren zu.

Endlich schienen wir am vorläufigen Ziel zu sein. Nach Wochen überschritten wir die Grenze nach Österreich. In einem großen Sammellager

---

[9] Verballhornung des deutschen Wortes „Uhren" (russ.: часы); „Ury jestj" steht für „Haben Sie eine Uhr?"

[10] *Tschingis Khan*, etwa 1162-1227, war ein mongolischer Groß-Khan, der die mongolischen Stämme vereinte und ein Großreich vom Japanischen bis zum Kaspischen Meer errichtete.

erhielten wir dreimal am Tage warm zu essen. Dies war vorerst die Hauptsache. Außerdem Brot. Dafür wurden wir täglich dreimal gefilzt. Die letzten Wertsachen fanden ihre Abnehmer. Die Parole kursierte im Lager, wir würden zu Aufräumungsarbeiten nach Dresden transportiert. So waren wir alle froh. Wir glaubten damals daran, denn wir sagten uns, der Russe wolle Deutschland für sich gewinnen und werde deshalb die Deutschen human und großzügig behandeln. Noch kannten wir nicht jenes *Nitschewo*! [11] und waren noch nicht vertraut mit der russischen, asiatischen Mentalität.

Ein deutscher Soldat, welcher bei einem Tischlerarbeitskommando schaffte, das die Transportzüge instant setzte, und welcher offen behauptete, dass wir und alle Transporte nach Russland geschafft werden würden, weil er es so an Inschriften an Waggonwänden erkannt hätte, wurde vor unser aller Augen von einem russischen Kommando als Hetzer, Nazi und Gerüchtemacher erschossen. So glaubten wir umso mehr daran, dass es nach Dresden gehen werde.

Tage später wurden wir verladen. Mein Transport war 2 000 Mann stark. Als wir über Wien Pressburg [12] erreicht hatten, wussten wir, dass niemals Sachsen unser Ziel gewesen war.

Noch einmal bot sich mir eine gute Fluchtgelegenheit. Es war in Pressburg, als ich für meinen Waggon Wasser holen musste. Als ich mich auf dem Gleisgelände über den Brunnen beugte, flüsterte neben mir eine Frau: „Fliehen Sie, Sie werden nach Russland transportiert. Von dort kommt keiner zurück. Ich war achtzehn Jahre dort." Dann war die Frau verschwunden. Mein Posten gab keine Obacht auf mich. Er war zu sehr in seine Schwarzmarkt-Geschäfte mit unseren Uhren und Wertsachen vertieft. Ich überlegte, während sich meine Kanne langsam mit Wasser füllte. Ich überlegte noch, derweil das Wasser schon über den Rand der Kanne floss. Da pfiff die Lokomotive. Der Posten war sofort da, packte selbst eine Kanne mit Wasser und .... meine letzte Chance war verstrichen. Ich war schon zu schwach, konnte nicht mehr gedankenschnell reagieren. Wir hatten drei Tage kein Essen auf dem langsamen Transport bekommen. Als die Waggontür hinter mir zuknallte, dachte ich nicht mehr darüber nach; war ich doch heilfroh, wieder zu liegen.

Zwischen Miskolcz, Debrecen und der russischen Grenze wurden wir ausgeladen und kamen für lange Wochen in ein „Tennisplatzlager", wie wir es nannten. Jedes einzelne Camp hatte Tennisplatzgröße und fasste 300 Personen zum Liegen. Wir aber waren 1 000 Mann in unserem Gehege! So lagen wir seitlich nebeneinander und in allen nur möglichen Stellungen. Dies in glühender Sonne ohne ein Dach über dem Kopf, ohne Schatten. Geregnet hat es in dieser Zeit nicht ein einziges Mal. Es war ein „ungarischer Sommer". Als Verpflegung

---

[11] *Nitschewo* (russ.: ничего) steht in der russischen Umgangssprache für „Macht nichts!" oder „Das hat nichts zu sagen!" Es ist im Grunde eine eher scherzhafte Interjektion.

[12] Heute Bratislava, Hauptstadt der Slowakei

bekamen wir 500 Gramm Brot und zweimal Suppe am Tag. Dazu sollten wir 17 Gramm Zucker und 5 Gramm Tabak erhalten. Es blieb bei „sollten". Der „Schwarze Markt" [13] bot den Russen besseren Absatz. In dieser Zeit, so erinnere ich mich, verlor ich für acht Tage meine Stimme völlig. Ich konnte keinen Laut von mir geben. Was sein musste, schrieb ich in den Sand. Es waren einfache Fragen und Antworten: „Bring meine Suppe mit!" oder „Wie spät?" (Dies hieß: „Gibt es noch nicht Suppe?") „Bekomme ich meine Stimme wieder?" Ein deutscher Arzt sagte mir: „Ja, ganz bestimmt." So war ich etwas beruhigt. Sanitäre Behandlung gab es keine. Nur Ruhrkranke wurden abgesondert. Die Russen hatten größte Angst vor diesen Epidemien. Jede Woche wurden wir durch die Entlausung gejagt. Das war die einzige Möglichkeit, sich etwas zu waschen.

Nachts brannten große Scheinwerfer längs des dreifachen Zaunes. Trotzdem brachen drei Mann aus. Zwei davon wurden zehn Meter vor dem Zaun von dem Posten erschossen. Der dritte entkam. Oftmals gab es auch keine Suppe, weil kein Brennmaterial da war. Dafür spielte dann eine zusammengestellte deutsche Militärkapelle die guten alten Märsche: Fredericus Rex, den Hohenfriedberger, den Radetzky-Marsch und was weiss ich noch. Sie spielten Tage, nicht Stunden. Warum, weiss keiner zu sagen. Das war halt russisch.

Es gab alles im Überfluss: Militärmusik wie Läuse, Hunger wie brennende Puszta-Sonne, Wassermangel wie dieses eintönige, untätige Liegen. Das war das Schlimmste: so wurden wir geistig abgestumpft, stupide, gleichgültig. Einer wurde verrückt. Er hielt sich für den Führer, hielt lange Reden bis ihm der Schaum auf dem Munde stand, sang Nazi-Lieder und brach dann vor Erschöpfung zusammen. Wir hatten etwa jeden Tag zwei Tote von den 1 000 Mann. Sie starben wohl an der schon wochenlang anhaltenden „Maissuppen-Epidemie". Es gab früh, mittags und abends einen Dreiviertelliter davon. Es war nichts anderes als Wasser und grober Feldmais, der beim Kochen nie weich wurde. Ohne Mehl, ohne Fett, manchmal noch ohne Salz Dazu gab es 300 bis 500 Gramm Brot, je

---

[13] Mit dem Ausdruck „(Schwarzer) Markt", auch als (*чёрный*) *рынок, базар* bekannt, wird hier – historisch betrachtet - eine in Sowjetrussland seit 1921, dem Beginn der „Neuen Ökonomischen Politik" (NÖP) *Lenins* und *Trotzkis* legale Form des privaten Warenhandels, der zeitweise bis zu 80 % des gesamten Handels umfasste, bezeichnet. Mit der Einführung der NÖP legte die Sowjetregierung eine relativ moderate Naturalsteuer für die Bauern fest. Die Überschüsse trugen diese auf die freien („schwarzen") Märkte. Die NÖP wurde allerdings 1927 aufgrund der Unvereinbarkeit zwischen zentraler Wirtschaftsplanung und Industrialisierung einerseits sowie NÖP und Marktwirtschaft andererseits – aber auch wegen der *Stalin*schen Vorstellungen vom Aufbau des Sozialismus begraben. Diese Vorstellungen setzten die umfassende Kollektivierung der Landwirtschaft („Liquidierung der *Kulaken* als Klasse") mit dem Verbot des freien Warenhandels voraus. Der private Handel war im Jahre 1930 verboten worden. Er wurde als „kriminelle Spekulation" kategorisiert. Im Jahre 1936 waren bereits > 95 % der bäuerlichen Höfe kollektiviert. Nach Kriegsende lebte der freie Warenhandel auf; er war für das Überleben der maßlos verelendeten Menschen in ihrem verwüsteten Land unerlässlich. Zu *Gorbatschow*s Zeiten stieg er zu einer Doktrin auf. Er half – speziell während der Herrschaftsperiode *Jelzins* - in hohem Maße, die Bildung großer Vermögen in den Händen russischer, ukrainischer und anderer Oligarchen zu befördern.

nachdem wie viel da war, sowie einen Löffel Zucker, fünf Gramm Tabak, der später in Gefangenschaft noch manchem Menschen zum Verhängnis werden sollte. Doch davon später. In dieser Zeit fragten wir nicht mehr „Wo ist die Latrine?", sondern wir suchten die „Maisgrube".

Täglich kamen neue Transporte aus Süddeutschland, der Tschechei und aus Sachsen. Viele Zivilisten und Frauen waren darunter. Einen aus meiner Heimat sprach ich, der mich kannte, da ich als guter Sportler ziemlich bekannt gewesen war. Er erzählte mir, dass die russische Kommandantur Befehl erlassen hatte, dass sich alle Männer zwischen 16 und 55 Jahren bei der örtlichen Kommandantur zu melden hatten zwecks Gleisbaus bei der Eisenbahn. Wer sich nicht meldete, bekäme später keine Lebensmittelkarten. So kamen viele diesem Befehl nach, wurden in Eisenbahnwaggons gesperrt, bekamen nichts zu essen und wurden direkt oder indirekt nach Russland transportiert. Viele haben Deutschland nie wieder gesehen.

Auch aus unserem Lager, welches inzwischen auf 40 000 Mann angewachsen war, gingen die ersten Transporte ab. Irgendwoher kam die Parole „Ziel Wolga". Noch einmal mussten wir einzeln, nackend an der russischen Feldscherin vorbeimarschieren, die mit ihren zwanzig Jahren auf vier Meter Entfernung unseren Gesundheitszustand beurteilte. Bei jedem schrieb sie auf einem Personalbogen die Gesundheitskategorie I bis III oder OK.(Wir sagten: "Ohne Kraft".) Sie beurteilte so die 1 000 Mann meines Teillagers in zwei bis drei Stunden. Die Kategorie „OK" sollte und wurde tatsächlich, wie ich drei Jahre später erfuhr, entlassen. Ich gab einem alten Volkssturm-Mann meine Heimatadresse mit, und er hat auch später meine Eltern benachrichtigt, sodass diese wenigstens wussten, dass ich noch lebte und in russischer Gefangenschaft war.

Nach dieser Kategorisierung wurden wir noch einmal gefilzt. Wir wurden auf eine Wiese geführt, mussten uns nackt ausziehen, reihenweise die Hände hochheben, damit man sah, dass wir alles rückwärts liegen gelassen hatten, und dann zwanzig Schritt vortreten, wo die genau so und im doppelten Sinne „ge- und verlausten" Hemden und Hosen unserer Vorgänger für uns bereitlagen. So ließen wir unsere Vergangenheit zwanzig Schritte hinter uns und nahmen dafür die Läuse unserer Zukunft auf.

Die Russen stürzten sich wie Wilde auf diese letzten Habseligkeiten einer westlichen Zivilisation. Trotzdem habe ich meine gute Armbanduhr auch durch diese letzte Filzung gebracht, obwohl ich wusste, dass man mich halbtot geschlagen hätte, wenn man diese bei mir gefunden hätte. Wie, möchte ich nicht beschreiben.

Dann wälzte sich dieser Haufen in Lumpen gehüllter Menschen über die glühende Puszta nach Debrecen. Wir waren glücklich, einmal am Bahnhof unsere

„Jubiläums-Maissuppe" anstelle des „Debrecziner Gulaschs" in geschroteter Form zu erhalten. Ich glaube, es war die dreihundertste in ununterbrochener Folge.

Dann begann jene Schreckensfahrt für diese 2 000 Mann, die ich nie vergessen werde, und deren Bericht ich nicht glauben könnte, hätte ich sie nicht selbst miterlebt. Ich glaube zur Zeit des großen *Tschingis Khan* sind Gefangene humaner und menschlicher behandelt worden. Der Hass auf alles Deutsche - verbunden mit der tierischen Grausamkeit dieser Halbzivilisierten - stellte alles bisher Dagewesene in den Schatten.

**3. Kapitel.** *Transport von Debrecen zur Wolga*

Nach einer letzten Zählung wurden wir dem Transportkommando übergeben. Mit 48 Mann wurde ich in einen Waggon gestoßen. Es war nachts und finster, die Bahnanlagen nur spärlich beleuchtet. So warfen wir uns todmüde von dem Warten auf den Boden. Platz zum Liegen war wohl für 30 Mann im besten Falle, nicht aber für 48. So lagen wir, wie wir fielen: wieder in gewohnter Weise übereinander.

Stunden später ratterte der Zug.

Es wurde langsam hell. Durch ein vergittertes Oberfenster wurde unser Waggon erleuchtet. Wir lagen in zentimeterhohem Kohlestaub. Vordem war wohl Kohle in dem Waggon transportiert worden. So sahen wir aus wie Bergleute, die von „vor Ort" kommen. Ein kleines in den Boden gesägtes Loch ersetzte die Toilette. Unmittelbar rechts und links davon lagen Menschen. Später hatten diese es besser; es „musste" keiner mehr.

Ohne Unterbrechung ratterte der Zug den ganzen Tag durch die Karpaten. Hielt er für Stunden, so wurde Suppe ausgegeben, sowie 500 Gramm Brot, gutes, weißes ungarisches Brot.

Im Nebenwaggon wurde die Türe geöffnet, und ein paar Eimer mit Essen wurden hineingestellt. Wir hörten es am Geklapper der Konservenbüchsen, die den meisten als Kochgeschirr dienten. Dann pfiff die Lokomotive, der Zug ruckte an, und mein Waggon ging leer aus. Enttäuscht verpackten wir wieder unsere Büchsen.

Wenig später ratterten die russischen Maschinengewehre auf den Waggondächern, und der Zug hielt wiederum. Von dem Essenträgerkommando hatte einer die Gelegenheit benutzt und sich zwischen die Schienen unter dem Küchenwagen gelegt, um sich überrollen zu lassen und dann zu fliehen. Auf dem letzten Waggon war jedoch ein MG-Posten stationiert, der gerade beim Anfahren des Zuges den Scheinwerfer eingeschaltet hatte, und der wohl den fliehenden *Plennyj* bemerkt hatte. So ist es fraglich, ob er wirklich durch einen rettenden Sprung in den Wald entkommen ist.

Wir rechneten uns aus, dass wir als nächster Waggon nun bei neuem Halt unsere Suppe bekommen würden. Allein, es war eine Fehlrechnung. Erst am nächsten Abend war uns dieses Glück beschieden. Ich weiß nicht, ob man uns vergessen und erst die anderen Waggons gespeist hatte, oder ob kein Wasser vorhanden war. Die Suppe war ein schwarzer, stinkender Erbsenbrei, der so bitter schmeckte wie Chinin. Die Hälfte davon waren wohl Maden. Ich hatte Angst, dass mir jeden Moment übel werde und dass ich erbrechen müsste. Auch Brot bekamen wir abermals und einige Klumpen Rohzucker sowie Tabak.

Nachts setzte dann der große Sturm auf das Toilettenloch ein, dem die noch größere Ruhe für Tage folgen sollte.

Am dritten Tag überfuhren wir irgendwo in Bessarabien den Dnjestr. Nun waren wir in Russland. Wieder waren einige beim Wasserholen während der letzten Aufenthalte geflohen. Entlang des ganzen Zuges ratterten die Maschinengewehre. Der Erfolg für den Transport war eine dreitägige Sperre jeglicher Verpflegung, die für das russische Transportkommando wieder auf dem Schwarzen Markt besser und gewinnbringender abzusetzen war. So lagen wir apathisch in unserem zentimeterhohen Kohlenstaub, immer in dämmerndem Halbschlaf, nur herausgerissen, wenn die Posten auf den Zugdächern entlangliefen und mit Knüppeln darauf schlugen, damit wir aufwachten. Dies war für die Posten Methode geworden. Die Türen öffneten sich nun nicht mehr. Nur monoton ratterte der Zug über die Schienenschläge.

In der Ukraine, die wir nun durchfuhren, begleitete uns die unglaubliche Septemberhitze. Kein Lüftchen strich durch die Wagen. Nachts war es schon empfindlich kalt. Ich kannte das von der Krim her. Eigentümlicherweise rollte der Transport nur langsam, hielt oft und stand halbe Tage lang. Spielte es nun keine Rolle mehr, was aus uns werden würde? „Hatte" man uns nun? Unterlagen wir nun jenem asiatischen *Nitschewo*?

Noch einmal bekamen wir eine Suppe aus Pferdefleisch und Wasser, dazu getrocknetes Brot. Das war unsere dritte und letzte Mahlzeit auf dem Transport. Von da an gab es nur noch Wasser – auch dieses in spärlicher Menge.

Am zehnten Tag überfuhren wir in Rostow-am-Don den Don – die Stadt, die ich so gut kannte. Es ging langsam über die kilometerlange Pontonbrücke. Sollten wir nach Stalingrad kommen? Es war gleichgültig für uns. *Nitschewo*. Es gab ja doch kein Zurück mehr.

Von nun an rollten wir nach Norden.

In dieser Nacht versuchte Einer durch die „Toilette" zu entkommen. Er kam bis unter die Arme. So hing er in dieser Lage bis wir ihn wieder hochzogen. Bis Rostow-am-Don hatten wir neun Tote in unserem Waggon, die ausgeladen worden waren, und die wohl irgendwo am Bahndamm verfaulten. Ab nun aber blieben diese in den Waggons liegen. Waren wir deshalb unserem Ziel nahe? Auf unser Klopfzeichen reagierte kein Russe mehr. Was spielte nun ein Menschenleben für eine Rolle? Was hatte das zu sagen in dieser riesigen Leichenwüstenei europäischen und asiatischen Russlands? Wie unsagbar bedeutungslos wurde der Einzelne! Leute, die einst in der westlichen, zivilisierten Welt einen Namen von Rang und Ruf hatten, sanken zu einem bedeutungslosen „Nichts" herab. Der große Kampf um Sein und Nichtsein hatte begonnen. Langsam aber unaufhaltsam gingen wir den Weg unserer menschlichen Entwicklung wieder zurück. Wir wurden vom zivilisierten Europäer zum Asiaten, vom Asiaten langsam zum Tier. Manch einer wehrte sich mehr gegen diese Rückentwicklung; allein, entziehen konnte sich keiner.

So rollten wir weiter nach Nordosten, hungerten weiter nun schon den dreizehnten Tag und starben weiter den Hungertod für das „Glorreiche Tausendjährige Deutsche Reich". Oder starben wir jetzt schon für die „Wiedergutmachung"?

Wenn ich dies heute niederschreibe, so erinnere ich mich recht gut an alle Einzelheiten dieses Transports. Ich erinnere mich aber auch an irgendeine Stelle in einem Buch von *Erich Edwin Dwinger* [14], wo dieser über Sibirien schreibt, über Gefangenentransporte und -schicksale im 1. Weltkrieg, und wo dieser schreibt, wie asiatische Gefangene ihre eigenen, im Sterben liegenden Leidensgefährten mordeten, nur um etwas Nahrung, etwas Fleisch für sich zu haben. Damals habe ich als Junge noch so darüber hin gelesen, aber Jahre später wusste ich, dass dies nicht eine Übersteigerung des Schriftstellers in den Kannibalismus ist, sondern, dass es so wirklich geschehen ist, und wohl noch heute irgendwo in Kamtschatka, im Taimyrland, auf Kolkujew oder Nowaja Semlja geschieht.

Es klingt dies so unglaublich, so absurd, und unmöglich für westliche Ohren, so nach Sensation, aber auch wenn wir meinen, es nicht glauben zu können, einfach, weil es über unser Begriffsvermögen hinaus geht, so weiß ich, dass es so etwas gegeben hat und noch gibt.

Was uns vor solchem Abstieg in die Vergangenheit, was uns vor diesem Schritt um Jahrtausende zurück in die menschliche Urwelt bewahrte, waren eben diese Jahrtausende unserer Entwicklung, und noch mehr wohl die Zivilisation Europas, unsere Umwelt, die uns geformt und erzogen hatte.

Am vierzehnten Tag endlich war diese Fahrt in das Grauen beendet. Wir waren im Rayon Pensa-Kuibyschew [15], 45/50 östlich von Greenwich, wie ich heute auf der Karte feststelle. Da, wo die Wolga am weitesten nach Osten vorgedrungen ist.

---

[14] *Erich Edwin Dwinger*, 1898-1981, war ein nationalistischer, antikommunistischer deutscher Schriftsteller mit russischen Wurzeln. Er trat als 16-jähriger Freiwilliger in den 1. Weltkrieg an der deutsch-russischen Front ein, geriet in russische Kriegsgefangenschaft und kämpfte später auf Seiten der Weißen gegen die Rote Armee. Aus erneuter Gefangenschaft floh er 1921 nach Deutschland.

[15] Die russische Millionenstadt Samara, im Südosten des europäischen Teiles Russlands an der Wolga gelegen, hieß von 1935 bis 1990 Kuibyschew. In der Stadt bestand das Kriegsgefangenenlager No. 234 für deutsche Kriegsgefangene des 2. Weltkrieges. In Kuibyschew arbeiteten – als Reparationsleistung Deutschlands - des Weiteren mehr als 700 Fachleute, zumeist in der Flugzeugindustrie sowie Raketenentwicklung. Für den Fall der Einnahme Moskaus durch die deutsche Wehrmacht war Kuibyschew als administratives Zentrum der Rest-Sowjetunion vorbereitet worden.

Als sich die Waggontüren öffneten, drängte keiner mehr nach vorn. Wir waren zu schwach. Irgendwie erinnerte mich die Landschaft an *Böcklin's* „Toteninsel".[16] Zunächst die Atmsphäre, sie war die gleiche [17]. Dann sollten wir aussteigen. Wer konnte das noch? Wer wagte noch, den Sprung vom hohen russischen Waggon aus dem weichen Kohlenstaub hinaus bald zwei Meter tief hinunter zu springen?

Aber bald kam ein russischer Soldat in den Waggon und warf Lebendige und Tote hinaus, die sich zu einer homogenen Masse türmten. Zu meinem Glück war ich einer der Letzten und fiel somit weich und nicht tief.

---

[16] *Arnold Böcklin*, 1827-1901, Schweizer Maler des Symbolismus.
[17] Gemeint ist wohl das Morbide in den *Böcklin*schen Toteninsel-Darstellungen.

## 4. Kapitel.  *Marathon des Todes*

So lagen und saßen wir in der Sonne und warteten. Wie viele waren von den 2 000 noch übrig? 1 600, 1 500 oder noch weniger? Oh, es spielte keine Rolle. Mit den Toten gerechnet, stimmte die Zahl immer, und für die Geflüchteten hatte das Transportkommando eigene Landsleute, Zivilisten oder Ungarn „eingefangen". Die Hauptsache, die Zahl stimmte. So wurden wir an ein Lagerkommando übergeben. Bis zum Lager aber war es ein halber Tagesmarsch, wie man uns sagte. Einen halben Tag durch dichten Urwald? Das sollten wir noch leisten?

Mit Schlägen und Tritten wurden wir aufgejagt, gingen, schleppten uns dahin und brachen wieder zusammen. Dann stand der Transport. Es waren so viele zusammengebrochen, dass die Russen einsahen, dass es wirklich nicht weiter ging. So blieben wir diese Nacht liegen. Wenigstens hatten wir Raum genug, uns auszustrecken. In der Dunkelheit kamen die Stechmücken und sorgten dafür, dass wir nicht schliefen. Die Nacht war kalt. Am nächsten Morgen waren Brot und Zucker da, und auch Wasser. Irgendwoher war es die Nacht gekommen. Es wurde ein glühendheißer Tag. Dann wankten wir los. Ein grauer Zug des Elends. Die Reste einer einst so ruhmreichen Armee! Ach wie bald, ach wie bald.
...

Ich glaube, über uns flogen damals die Steppengeier und warteten auf ihr Mahl. Es ließ nicht lange auf sich warten. Bald brachen die ersten zusammen, wurden mitgeschleppt von anderen. Als die „Schlepper" wechseln sollten, war keiner mehr da, der kräftig genug wäre. So blieben sie liegen bis das Ende der Kolonne erreicht war. Dort wurden sie mit Schlägen und Fußtritten von den Russen wieder aufgejagt, brachen wieder zusammen, schleppten sich noch einmal weiter. ... Dann hörten wir Schüsse. Stille. Wieder. War es die zweite Auflage der Genickschüsse von Katyn [18, 19].

So wusste ich, was ich wert war. Da ballte sich mit aller Macht mein Trotz zusammen, bäumte sich mein Wille zum Leben auf. Ich wusste, die wollten uns alle vernichten. Je mehr krepierten, desto besser wäre es für das große russische Reich, für den Sieg des Bolschewismus, für die Weltrevolution. In dieser Stunde wurde ich trotzig und hart.

---

[18] Beim Massaker von Katyn erschossen Angehörige des sowjetischen *NKWD*, des Volkskommissariats für Innere Angelegenheiten, vom 3. April bis 11. Mai 1940 *ca.* 4 400 gefangene Polen, zumeist Offiziere, in einem Wald bei Katyn, einem Dorf westlich von Smolensk.

[19] Als kaum Sechsjähriger wurde der Herausgeber dieses Berichtes Augenzeuge von Genickschuss-Hinrichtungen, vollstreckt von Angehörigen deutscher SS-Begleitmannschaften an vor Erschöpfung zusammengebrochenen KZ-Häftlingen auf deren Todesmarsch südlich von Köthen / Anhalt im Frühjahr 1945. In einem Winkel des Friedhofs von Radegast, Kreis Köthen, heute Stadt Südliches Anhalt, gab es eine Zeitlang fünf namenlose Gräber solcher Opfer.

Durch das brechende Unterholz arbeitete ich mich vor an die Spitze des Zuges. Andere taten das Gleiche. Dadurch wurde das Marschtempo schneller. Dies kostete vielen durch unsere eigene Schuld auf diesem Marsch das Leben. Aber ich weiß, es war nur eine Frage der Zeit, sie wären wenig später sowieso gestorben. Das „ganz große Sterben" sollte erst noch beginnen.

Hätten wir aber alle einig und gemeinsam gestreikt und wären keinen Schritt weitergegangen, ich bin davon überzeugt, sie hätten uns alle zusammengeschossen wie auf einer Treibjagd die letzten Hasen. So starben viele an der Marathonstrecke des Todes in jenen Dschungelwäldern Russlands, sanken rechts und links in das Gebüsch. Sie gehören zu diesen Hunderttausenden, von denen man spricht, dass sie „vermisst" seien. Begraben hat sie niemand. Verfault, versunken und vergessen ... *Nitschewo.*

Am Abend erblickten wir Erdbunker, Stacheldraht-Umzäunung und Wachtürme. Wir wankten durch das Tor, wurden gezählt und schliefen irgendwo ein. Nachts wurden wir geweckt. Es gab Brot und Erbsensuppe, Zucker und Tabak. Dann schliefen wir wieder. In den Bunkern war es warm.

Am Morgen warteten wir vergebens auf unsere Suppe. Dafür gab es 50 Gramm Brot für jeden. Dies war unsere Brotration auch für die folgenden elf Tage. Suppe gab es später zweimal am Tag einen halben Liter. Es war grünes Wasser mit Erbsengeschmack. Erbsen waren keine darin, denn die Russen in der Küche hatten vorsorglich die richtige Erbsensuppe durch ein Sieb geschüttet. So hatten diese die ganzen Erbsen und wir das Wasser.

In dieser Zeit gab es nur eine Arbeit für uns: das Begraben der Toten. Es waren Massen. Das Begräbniskommando war freiwillig und bekam 500 Gramm Brot pro Tag. Ich war beinahe zum Skelett abgemagert. Andere wiederum quollen auf wie Hefeklöße. Denen stand das Wasser im Körper und im Gesicht.

Mein Freund *Harry K.*, ehemaliger Unteroffizier einer Panzereinheit, war noch dürrer als ich. Er phantasierte am helllichten Tage von lukullischen Genüssen. Ich sollte meine Uhr „versetzen", die ich noch immer bei mir hatte. Tage später ergab sich eine Gelegenheit dazu. Der russische Lagerkommandant ließ durchsagen, dass er eine gute Uhr suche, welche er mit Lebensmitteln bezahlen wolle. Ich ging zu dem deutschen Lagerführer und bot ihm meine 17-steinige Ankeruhr an und forderte zwei große runde Brote, ein Pfund Speck und ein Pfund Tabak. Ein Viertel sollte der Lagerführer davon selbst behalten. Dummerweise ließ ich meine Uhr gleich dort. Am Abend sollte ich mir die Sachen dann holen. So ging ich mit einer Zeltplane hin. Der deutsche Lagerführer sagte, er hätte noch nichts bekommen. Morgen. So ging ich drei Tage jeden Abend mit meiner Zeltplane. Dann sprach ich den Russen selber an, der mir sagte, dass er die Lebensmittel noch am selben Tag dem Lagerführer gegeben habe. Der wieder sagte, der Russe hätte ihm nichts gegeben. Ich hatte eine ohnmächtige Wut. Bestimmt hatte der Deutsche die Sachen bekommen. Dessen war ich mir sicher. Aber ich konnte nichts machen. Nicht mehr auf jeden Fall, als dass ich mir den Namen merkte: Es war Oberleutnant *Günther Ramin*, Fasanenstrasse 17, Berlin. Ich weiß ihn heute noch.

Fünf Jahre später war ich auf der Fasanenstrasse in Berlin. Ich habe das Haus gesucht. Es war eine Ruine. Vergessen habe ich das bis heute nicht.

So phantasierte mein Freund Harry weiter in seinem Hungerdelirium.

Am zwölften Tag wurde das Lager geteilt, und wir wurden in ein Nebenlager kommandiert. Dort blieb ich anderthalb Jahre lang. Der Weg dorthin war die zweite Hälfte der Marathonstrecke, gezeichnet von Toten, Erschlagenen und Erschossenen. Ich erlebte dies nun ein zweites Mal. Es war gewollte Vernichtung.

Als wir, dieser graue Zug des Elends und des Todes, nach G. kamen, trafen wir die ersten russischen Zivilisten. Sie bespuckten und beschimpften uns als „deutsche Schweine". Zwei Jahre später grüßten uns russische Zivilgefangene aus ihrer Strafgefangenenkolonne heraus mit „Heil Hitler". Es waren dieselben Menschen, die uns erst bespuckt und beschimpft hatten.

## 5. Kapitel. *Lager „G."*

În diesem Dorf von 1 000 Seelen bezogen wir ein einstöckiges Holzhaus mit anliegenden Holzbaracken. Es war wohl schon fünfzig Jahre Gefängnislager gewesen.

Im Dunkeln kamen wir an und waren heilfroh, in geschützte Räume zu kommen, denn es pfiff ein empfindlich kalter Wind aus dem Osten. Sibirien schickte uns seine Visitenkarte. Die Räume waren verhältnismäßig sauber. Wir waren ja auch schon allerhand gewöhnt, dies umso mehr als wir uns selbst bereits seit Wochen nicht mehr hatten waschen können. Durch ein mattes Fenster, so groß wie ein Kochgeschirr, fiel fahles Licht in den Raum. Dann brach es über uns herein wie ein Sturm, dem wir nicht entrinnen konnten, wie etwas, was lange Jahre auf uns gewartet und gehungert hatte: ein Heer von Wanzen! Vergebliche Mühe, diesem zu entfliehen!

Frühmorgens waren Fuß- und Handgelenke, Schläfenpartien und Nacken geschwollen. So ging es fast noch drei Jahre durch die verschiedensten Lager Russlands. Immer die gleiche, nie enden wollende Qual: Wanzen!

Man kann sich als Europäer nie an diese nächtlichen Gefährten gewöhnen, auch nicht an den marzipanähnlichen Geruch, wenn man eine zerdrückte. Wer es nicht selbst mitgemacht hat, wird es sich nie vorstellen können. Hinzu kam die Qual von den Dutzenden von Läusen, die wir inzwischen aufgesammelt hatten. Auch wurde es plötzlich kalt.

Wir wurden das erste Mal registriert und verhört; bekamen 570 Gramm Brot, 17 Gramm Zucker, 5 Gramm Tabak und vorerst zweimal dreiviertel Liter Suppe am Tag. Später dreimal. Die Suppe bestand aus roten Rüben, Wasser und … amerikanischen Fleischkonserven. Das Fett schwamm dick auf dem schmutzigroten Wasser. Fleisch war massig darin, aber kein Mehl. So hatten wir bald alle Durchfall, später Ruhr und was weiß ich noch, was daraus entstanden ist.

Bei jeder täglichen Zählung waren von den 670 Mann einige weniger angetreten. Noch lagen sie im provisorischen Revier, später am Waldessaum unter dieser verdammten und verfluchten russischen Erde. Viele hatten wir inzwischen schon begraben. Auch hier gab es doppelte Suppe für das Beerdigungskommando. War das die Belohnung für die Arbeit, oder war es „Prämie", dass endlich wieder ein paar verdammte Deutsche weniger waren? Das eine war so wahrscheinlich oder unwahrscheinlich wie das andere.

Noch immer hatten wir Ruhe, abgesehen von dem steten, zermürbenden Kampf mit den Wanzen und Läusen.

Erst im November mussten wir auf ein großes Feld, Kartoffeln ausmachen gehen. Die Kartoffeln waren so klein wie Walnüsse. Der Boden war hart gefroren.

Ein eiskalter Wind pfiff über die Steppe. Regen- und Schneeschauer wechselten ab. Wir waren den ganzen Tag draußen und hatten nichts Warmes zu essen. Nachts ein Uhr bekamen wir unsere dritte Suppe. So machten wir mit Spaten und Spitzhacke Kartoffeln aus, fegten erst den Schnee vom Boden, und es erfroren Zehen, Finger, Nase und Ohren dabei. Täglich waren es weniger, die ausrücken konnten. Wer Temperatur hatte, konnte im Lager bleiben. *Temperatura* [20] war das magische und erlösende Wort im Lager geworden.

Harry lag schon Wochen im Revier. Abends ging ich zu ihm und konnte meine nassen Sachen gegen seine trockenen tauschen. Auch meine Schuhe konnte ich wechseln. Dafür gab ich ihm meinen Tabak. Das hat mir viel Gutes getan und meine Füße vor dem Erfrieren geschützt. Auch konnte ich meinen dünnen Wehrmachtsmantel nass hängen lassen. So tauschten wir unsere Läuse.

Aber ich hatte den Vorteil, immer trockene Sachen zu haben. Auf dem Feld lief ich von einem spärlichen Feuer zum anderen, mich sekundenlang zu wärmen und eine Kartoffel ins Feuer zu werfen, die dann bestimmt ein anderer *Plennyj* klaute. Aber dies wurde Methodik. So kam jeder irgendwie und irgendwann zu einer erfrorenen, gerösteten Kartoffel. Wer irgendwie konnte, machte es so. Viele waren schon zu energielos oder zu kraftlos, zu apathisch, sich zu bewegen. Sie erfroren die Glieder aus Schwäche.

Ich wusste, wenn ich arbeitete, dass ich die Zehen erfror. So lief ich von einer Ecke zur anderen. Die Posten hatten das bald heraus, weil ich überall auftauchte. Ich wurde das „Schwarze Schaf“. Aber ich hatte den Vorteil, schon so viel russisch zu sprechen, dass ich mich mit den Posten stets unterhalten konnte. So taten sie mir im Wesentlichen nichts, und ich bekam nur von dem *Natschalnik* [21] Schläge und Fußtritte, so oft er meiner habhaft wurde.

Mit Harry ging es in dieser Zeit schlechter. Er hatte Blut im Stuhlgang und war so abgemagert, dass er kaum noch allein gehen konnte. Auch konnte er kein Brot mehr essen. Dieses nasse, saure, schwammige, dreckige Brot mit eingebackenem Häcksel gab er mir, wenn es ihm vorher nicht geklaut wurde. Und ich war ihm dankbar. Dafür gab ich ihm meinen ersten Briefbogen, den nur Arbeitende bekamen, damit er noch einmal nach Hause schreiben konnte. Das war im Dezember 1945. Dies war ein großer Sterbemonat. Von den 400 Mann des Kartoffelkommandos hatten 350 Erfrierungen.

Als ich eines Morgens auf der Pritsche meinen Nebenmann anstieß und ihm sagte „Siegfried, geh Brot holen, Du bist heute dran“, rührte er sich nicht. Als ich ihn stärker anstieß, weil ich meinte, dass er fest schliefe, fiel er mit einem

---

[20] Das russische Wort *температура* bedeutet Temperatur, steht aber auch für Fieber, z.B. *у меня температура* heißt „Ich habe Fieber“.

[21] Das russische Wort *начальник* bedeutet Vorgesetzter, Chef, Boss.

Röcheln von der Pritsche. Die letzte Luft entwich der Lunge. Er war tot. Wochen später passierte mir das ein zweites Mal. Es war ein Junge von siebzehn Jahren.

Der Winter war gekommen. Es war so kalt geworden, dass wir niemand mehr begraben konnten. Die Leichen wurden in einem Holzschuppen wie Eisenbahnschwellen gestapelt. Vier längs, vier quer, sie türmten sich.

Noch immer gab es rote Rüben und amerikanisches Büchsenfleisch. Wir stürzten uns zu jeder Mahlzeit auf die heiße Suppe und wurden so für kurze Zeit warm.

Auf das Feld gingen noch 50 Mann. Dann 40, 30 … .Das waren die Letzten. Ich war dabei, ging mit, bezog meine Tracht Prügel, wenn der *Natschalnik* da war und lehrte sonst den Posten am Feuer … das Rechnen. Oder ich erzählte den Sibirjaken von Europa.

Als ich eines Abends zu Harry kam, erzählte er mir ganz aufgeregt, dass er zu Hause war in Pommern in seinem elterlichen Feinkostgeschäft und gegessen habe und immer nur gegessen. Und dann sei ein großer goldener Vogel gekommen und habe ihn weggeholt, weit, weit weg. Darauf habe er geschlafen, und als er aufgewacht sei, habe es Brot gegeben, und er habe das erste Mal seit Tagen Brot essen können. Nun wisse er aber auch, dass er sterben müsse, und es wäre ihm nicht schwer darum. Der herrliche goldene Vogel würde ihn holen.

So hat er mir an diesem Abend erzählt. Drei Tage später war er tot. Es war der 21. Dezember 1945.

Ich ging Wochen später mit, als der Frost vorübergehend nachgelassen hatte, ihn zu begraben. Nicht wegen der zweiten Suppe. Er war mein guter Freund gewesen. „Ich hatt' einen Kameraden, einen bess'ren find'st Du nicht …".

Als wir ihn in die schmale, flache Kuhle betteten, bestand ich darauf, dass wir ihn in meinem schmutzigen Hemd begruben, obwohl die Hemden und Hosen beim Lager wieder abgegeben werden mussten. Ich hatte deshalb mit dem Dolmetscher, welcher das Beerdigungskommando führte, noch erheblichen Streit. Schließlich sagte ich ihm, ich hätte den russischen Lagerkommandanten gefragt und die Erlaubnis. Dafür wurde ich noch in selbiger Stunde für drei Tage in den Leichenschuppen eingesperrt, ohne Verpflegung.

Nachts brachte mir der deutsche Küchenchef heimlich Suppe und Brot. Er war wie ich ein guter Sportler gewesen. Das verband uns.

**6. Kapitel.** *Zwischen Nackten und Toten*

So lebte ich drei Tage zwischen „Nackten und Toten" [22].

Ich dachte an *Florence Nightingale*, „The Lady with a Lamp". [23] Sie hatte im Krimkrieg den Gedanken des Roten Kreuzes, des Humanismus, in die Tat umgesetzt und war den Leidenden als rettender Engel erschienen. Es war die Frau, der *Longfellow* [24] ein unsterbliches Denkmal auf ihrem Monument in London setzte:

„… von den Leidenden, die stumm zur Wand sich drehten, den Schatten zu küssen, der vorüber glitt …".

Würde sie uns noch erscheinen? Uns, die Leidenden, noch retten?

Es war unwahrscheinlich.

Es war eine Lawine, die – in Fluss gekommen – zerschellen musste, alles mitreißend, mitwirbelnd, erstickend. Was blieb, war der Tod. Er lag neben mir. Ich spürte seine kalte Hand. Drei Tage und drei Nächte. So also war es, wenn man sterben musste! Nun, ich war ein tapferer Soldat gewesen. Ich kannte keine Angst. Wie viele Male hatte ich dem Tod ins Auge geschaut? Wie viele Bomben-Langzeitzünder hatte ich beseitigt? Jeder war der Tod selbst. Ich kannte dieses kalte Schauern und dann dieses warme Durchbluten, war man der Gefahr entronnen und wieder am Leben.

Aber hier? Das war etwas anderes. Das hatte nichts mehr mit Tapferkeit zu tun. Dies war ein schleichendes Sterben. Ehrlos und ruhmlos, versunken und vergessen. So wollte ich nicht sterben. Wenn schon, dann mit Größe. Ich war Sachse, aber sterben wollte ich als Preuße. Wenigstens für mich in meinem Inneren.

In diesen drei Nächten wurde ich, nachdem der Krieg längst vorbei war, zum preußischen Soldaten.

---

[22] In Anlehnung an den gleichnamigen Kriegsroman (Original: *The Naked and the Dead*) des amerikanischen Schriftstellers *Norman K. Mailer*, 1923-2007, veröffentlicht im Jahre 1948.

[23] *Florence Nightingale*, 1820-1910, gilt als Begründerin der modernen Krankenpflege. Sie war eine einflussreiche Reformerin von Sanitätswesen und Gesundheitsfürsorge im britischen Empire. Sie trug damit dazu bei, dass sich die Krankenpflege zu einer gesellschaftlich geachteten und anerkannten beruflichen Tätigkeit für Frauen entwickelte. *Nightingale* legte Ausbildungsstandards fest, die zuerst in einer von ihr gegründeten Krankenpflege-Schule umgesetzt wurden.
*The Lady With A Lamp,* 1951, ist ein britischer historischer Film über *Nightingale* und ihre Fürsorge für Verwundete im Krimkrieg, 1853-1856, zwischen Russland einerseits und einer Allianz von Großbritannien, Frankreich, dem Osmanischen Reich und Sardinien andererseits.

[24] *Henry W. Longfellow*, 1807-1882, amerikanischer Dichter und Schriftsteller

## 7. Kapitel. *Verhöre durch das NKWD* [25]

In der vierten Nacht holte man mich zu einer zweiten Vernehmung durch einen *NKWD*-Offizier. Mir ist diese noch genau in Erinnerung.

Aus dem tagelangen Dunkel der Totenkammer heraus, führte man mich in das Zimmer des Offiziers. Als ich eintrat, blendeten mich zwei starke Lampen, die genau auf die Tür gerichtet waren. Ich sah nichts. Nur rote Sonnen kreisten vor meinen geschlossenen Augen. Ich hielt die Hände vor das Gesicht. Es blieb das Gleiche. Rote Sonnen. Plötzlich hatte ich unsagbare Kopfschmerzen.

Dann hörte ich russisch sprechen, was mir die Stimme des deutschen Dolmetschers übersetzte. Es waren die gleichen Fragen, die ich schon einmal beantwortet hatte. Dann steigerte sich das Verhör. Wie viele Russen ich erschossen hätte? Warum mein Vater Nazi wäre? Dann kamen viele Namen von Kameraden aus dem Lager. Man forderte von mir anzugeben, welche Nazi wären. Ich sagte, ich wüsste das nicht. Darauf stellte man mir in Aussicht, sofort wieder in die Totenkammer gebracht zu werden, wenn ich nicht spräche. Ich sprach nicht.

Schließlich fragte man mich, ob ich dem *Antifa*-Kollektiv [26] beitreten wolle. Ich fragte „Wo? In der Totenkammer?" Darauf schmiss er etwas nach mir, begleitet von einem jener russischen Flüche, die jeder Soldat schon am ersten Tag in Russland hörte. Ich rannte zur Türe hinaus.

In der Totenkammer rollte ich mich wie ein Tier in meine beiden Pelze, die man mir gelassen hatte, und ich schlief eine weitere Nacht zwischen Nackten und Toten. Im Einschlafen noch merkte ich, wie die Kälte langsam zu mir unter die Pelze kroch. Es war schon tagelang kein Schnee mehr gefallen. Ein

---

[25] *NKWD*: Russische Abkürzung für *Народный комиссариат внутренних дел*, d.h. Volkskommissariat für Innere Angelegenheiten. Diese Bezeichnung des sowjetischen Innenministeriums mit vorzugsweise inländischen Sicherheitsaufgaben war im Zeitraum 1934-46 gültig. Der Volksmund dechiffriert *NKWD* mit „Ne znajeshj, kogda wernjoshsa domoj", d.h. „Du weißt nicht, wann Du nach Hause zurückkehren wirst". Neben dem Innenministerium bestand seit 1917 auch ein Staatssicherheitsdienst (Staatspolizei, Geheimdienst), der hin und wieder reorganisiert und umbenannt wurde. Die bekanntesten Bezeichnungen waren Tscheka (*чрезвычайная комиссия*), GPU (*государственное политическое управление*, d.h. Staatliche Politische Verwaltung), KGB (*комитет государственной безопасности*, d.h. Komitee für Staatssicherheit) und FSB (*Федеральная служба безопасности*, d.h. Föderaler Sicherheitsdienst).

[26] Der Begriff *Antifa* ist ein Akronym der Begriffe Antifaschismus und Antifaschistische Aktion. Ursprünglich von deutschen Kommunisten im sowjetisch-gelenkten *Nationalkomitee Freies Deutschland, NFD,* organisiert, dienten die *Antifa*-Aktive der politischen Aufklärungsarbeit unter den deutschen Offizieren und Soldaten an der Front und unter den deutschen Kriegsgefangenen. Das *NFD* nahm die laufende Registratur der deutschen antifaschistischen Aktive in den Kriegsgefangenenlagern und Kriegsgefangenenschulen im Einvernehmen und mit Hilfe der Verwaltung der Kriegsgefangenenlager des *NKWD* vor.

untrügliches Zeichen dafür, dass die Temperatur unter minus 20 Grad Celsius gesunken war.

Nachts wachte ich auf, als sich die Tür öffnete und ein Windstoß Schnee herein trieb. Ich dachte, jetzt holt man mich wieder! Aber es war mein Sportsfreund, der mir einen Eimer glühender Holzscheite brachte und Suppe. So hat er mich wohl in dieser grimmig kalten Nacht vor dem Erfrieren gerettet.

Anderntags aber musste ich wieder zum *NKWD*. Das Gleiche. Blendende Scheinwerfer, Stimme aus dem Dunkel, der Dolmetscher und diese behagliche Wärme in dem Raum! Oh, diese Wärme! Wenn ich schwarzes Schaf doch hier bleiben könnte! Blitzschnell schoss es mir durch den Kopf: Schweigen! Dann wird das Verhör länger dauern! Dann bist du länger in der Wärme. Also schwieg ich armselige Kreatur, ich jämmerliches Abziehbild von einem Menschen und starrte wie ein Blödsinniger in das gleißende Licht. Als ich so die ersten Fragen über mich hatte ergehen lassen, ohne zu antworten, fragte der Dolmetscher, ob ich ihn nicht verstände. Ich sperrte nur den Mund auf und deutete an, dass ich nicht sprechen könne. Ich muss in dieser Minute wohl einen ganz verwirrten Eindruck auf den Russen gemacht haben, denn der *Perevodschik* [27] sagte mir, ich solle mich auf die Bank am Ofen setzen. War das nun eine Falle, oder war es Mitleid? Wollte er mich prüfen? Einerlei. Ich blieb stehen. Schließlich kam der *Perevodschik* aus dem Dunkel, nahm mich am Arm und führte mich zum Ofen. Oh, diese herrliche Hitze als ich mich anlehnte! Wie unsagbar wohl das tat. Das war ein Stück vom Himmel auf Erden.

Der Deutsche, welcher inzwischen den Raum verlassen hatte, kam nun wieder und brachte Suppe. Brot, Fleisch und Zucker. Und das für mich!

Wie ein wildes Tier stürzte ich mich auf diese Sachen. Wie lange schon hatte ich solches entbehrt? Wann hatte ich mich das letzte Mal satt gegessen? Dazu in einem warmen Raum? Oh, das war schon lange Monate her, das war noch in Deutschland gewesen.

Dann ließ man mich allein. Verschloss die Tür. Die Lampen brannten weiter. Ich zog meine Fellmütze über die Ohren und legte mich auf die Bank am Ofen zu schlafen. Wie herrlich in dieser Wärme! Und nicht zwischen Nackten und Toten!

Dann kamen die „Anderen". Mit einem leisen „Klack" fielen sie von oben herab. Bald saßen sie im Nacken, an Hand- und Fußgelenken. Vorbei mit der herrlichen Nachtruhe! War das die 5. Kolonne des *NKWD*? Sollten die mich nun noch endgültig „fertig" machen? Ich verlegte mein Quartier unter die Bank am Ofen. Eine Weile ging es. Dann das Gleiche! So verging die Nacht im Halbschlaf.

---

[27] Das russische Wort *переводчик* bedeutet Dolmetscher, Übersetzer.

Früh quartierte ich um in das Lagerrevier, offenbar auf Anweisung des *NKWD*. Ich wurde entlaust, bekam fünf Gramm Seife und zwei Konservenbüchsen warmes Wasser. Damit habe ich mich nach genau 108 Tagen das erste Mal gewaschen. Mein Hemd bekam ich nicht wieder. In der Hitze der Entlausung war es in seine Bestandteile zerfallen. So trennte ich mich von dem Hemd, welches ich Monate vorher im ge- und verlausten Zustand übernommen hatte und schlüpfte in ein „weißes".

Dann lag ich im Revier, auf derselben Pritsche, auf der Harry vor Tagen gestorben war. Ja, seinetwegen lag ich ja hier. Wie kompliziert das Leben doch war! Ich musste hier liegen in einem neuen Hemd, nur weil ich wegen eines toten Freundes alten Hemdes gestritten hatte. Nun ging ich denselben Weg! Ob wohl einer für mein Hemd streiten würde? Die Welt bestand für mich in diesen Stunden nur aus alten und neuen Hemden, aus Lebenden, Sterbenden und Toten.

Wie komisch! Wie sich doch der geistige Horizont verschieben kann! Welcher Anblick, die Welt zu schauen aus dieser Perspektive!

So kämpfte ich drei Tage wegen der Wanzen und Läuse. Dann schmiss man mich hinaus ... als Simulant!

Ich zog auf meine alte Stube zum Arbeitskommando.

**8. Kapitel.** *Russischer Winter*

Die Feldarbeit war eingestellt worden. Der Frost war sibirisch. Es bestand eine Bedingung, dass von minus 20 Grad Celsius an kein Kriegsgefangener mehr zur Arbeit auszurücken brauchte. Aber so hatten wir kein Holz für die Küche und die Öfen, welche den Holzbau heizten. Also mussten wir doch arbeiten.

Wir gingen in den Urwald 9 km hin und die gleiche Strecke zurück. Oft bei hohem, lockeren Schnee. Und bei welcher unbeschreiblichen Kälte! Im Ganzen waren wir noch 30 Mann. Davon ging jeden Tag einer ab – als tot oder krank. Abends brachten wir diese Fracht mit nach Hause. Auf zwei Stangen gebunden und mit Bast fest verschnürt, schleiften wir sie hinter uns her.

Eines Tages im Januar brachen wir schon früh am Nachmittag zum Rückweg auf, weil die beiden Posten, welche uns bewachten, sagten, es komme Sturm, und wir müssten gehen, weil wir sonst keinen Weg mehr fänden.

Dann brach es los, wie ich es nie wieder erlebt habe, und ich es auch nicht annähernd beschreiben kann. Dafür, um dies wiederzugeben, ist unsere Sprache zu unvollkommen. Die Bäume bogen sich und wankten im Sturm, der eine eisige Kälte mit sich brachte. Eiskristalle rasten vom Wind getrieben uns entgegen, so dass wir gezwungen waren, mit dem Rücken voran uns gegen den Wind vorwärts zu kämpfen.

Als wir den Wald verlassen hatten und noch etwa drei Kilometer vor dem Dorfe auf freiem Felde waren, wurde es noch schlimmer. Kaum dass wir noch atmen konnten. An ein geordnetes Vorwärtskommen war kaum zu denken. Jeder versuchte irgendwie, hinter dem anderen etwas Windschatten zu bekommen. Dann krochen wir auf allen vieren gegen den unsichtbaren Feind, der doch stärker war. Meter um Meter mussten wir erkämpfen, und kein Licht war vom Dorfe zu sehen. Es ging um das nackte Leben. Die Posten hatten lange alle Bewachung aufgegeben und waren – kräftiger als wir armselige *Plennye* – weit voraus. So versuchte jeder Einzelne, das Dorf zu erreichen. Ich hatte nur einen Gedanken: nicht liegen bleiben, nicht warten, obwohl es mir in dieser Zeit, in diesen Stunden, so unsagbar schön erschien, nur wenige Minuten zu ruhen. Aber ich wusste, das wäre der „weiße Tot".

So erreichte ich spät in der Nacht als einer der Letzten das Dorf und das Lager. Fünf Mann sind in dieser Nacht geblieben. Drei davon haben wir später wiedergefunden. Sie waren erfroren und von frischer Farbe. Die Kälte hatte sie mumifiziert. Die anderen zwei? Ich weiß es nicht. Sind sie zum Waldrand mit dem Wind zurückgelaufen? Haben sie sich verkrochen? Oder sind sie ein Opfer der Wölfe geworden, die uns oft schon auf unseren Wegen begleitet hatten?

*Nitschewo.* Versunken und vergessen.

Ein anderer Tag aus diesen Wochen ist mir lebhaft in Erinnerung, allerdings in einer grauenhaften, die mir noch heute nach sechs Jahren den Angstschweiß aus dem Körper treiben möchte. Es war wieder an einem jener so unbeschreiblich kalten Tage. Alle Stunden hockten wir im Wald am Feuer. Irgendwie hatte ich eine technische Streitfrage mit einem Mitgefangenen, die ich diesem auf der Innenseite eines Stückes Birkenrinde mit einem wenige Zentimeter langen Bleistiftstummel klarzumachen suchte und aufzeichnete. Dies sah ein Posten, und er verlangte den Bleistiftstummel für sich. Da dieser jedoch unersetzlich für mich war, weigerte ich mich. Darauf schlug er mich und trat mich mit Füssen. Schließlich jagte er mich vom Feuer. Von fern beobachtete ich, wie er sich mit seinem russischen Kameraden, dem zweiten Posten, stritt. Jedoch ich konnte nichts verstehen.

Nach geraumer Weile bedeutete er mir, dass ich ins Lager gehen sollte. Was dies wohl zu bedeuten hatte? Allein? Zur Mittagszeit im Lager? Ich dachte nicht weiter drüber nach, da ich wusste, dass diese unserer Mentalität fremden Menschen unberechenbar in ihren Entschlüssen waren.

So ging ich.

Wenig später war der Posten auf dem Schlitten hinter mir und hetzte mich den schmalen Waldpfad lang. Ich musste laufen, immer laufen. Woher ich die Kraft nahm, weiß ich heute noch nicht. Oft trat ich in meinen viel zu großen Filzstiefeln neben dem festgefrorenen Pfad in den lockeren Schnee. Dann fiel ich und musste Angst haben, von dem Schlittenpferd zertreten zu werden. War ich jedoch nicht schnell genug wieder am Laufen, so schoss der Posten mit seiner Maschinenpistole mir hinter die Hacken. Ich wusste, dass es ihm gleichgültig war, ob er mich traf oder nicht. „Auf der Flucht erschossen," würde sein Bericht lauten. Wahrscheinlich bekam er dann noch eine Belobigung!

Also musste ich laufen. In meinem dicken Pelzmantel und in Filzstiefeln. Neun Kilometer. Ah, oh, ich ächzte und stöhnte, verzerrte das Gesicht. Neun Kilometer. Wo war das sportliche Können? Ich entledigte mich des Pelzes und ließ ihn fallen, riss die Jacke auf. Nicht spürte ich die eisige Kälte. Und immer weiter, weiter, weiter … .

Oder? Oder … sollte ich plötzlich stoppen, mich umdrehen und den Posten im Überraschungsmoment erwürgen? Langsam, mit Genuss die Finger zudrücken an seinem Halse? Ganz langsam? Diese Bestie aus der Welt schaffen? Und dann selber gehen?

Ah, ich hatte keine Zeit zum Überlegen. Ich musste laufen, schlurfen, stürzen, mich wieder aufraffen und wieder laufen. Die Schüsse hinter meinen Fersen. Wieder. Den Hang zum Dorf hinab vom „Plateau" fiel ich wirbelnd mehr als laufend. Ich gewann einen Vorsprung vor dem Schlitten. Dann war er wieder hinter mir mit sadistischer Freude. Wieder die Maschinenpistole!

Sollte ich ihn nicht doch noch umbringen? Wieder fiel ich, stolperte, rannte, stürzte, dann ... nach unendlich langer Zeit ... durch die kleine Pforte am Lager. Neun Kilometer. Der Atem ging fliegend. Neun Kilometer. Ich brach zusammen und lag im Schnee im Lager.

Ein Bericht über mich ging an das *NKWD*.

**9. Kapitel.** *Ein matter Hoffnungsschimmer*

Der Sturm dauerte an. So konnten wir drei Tage im Lager bleiben. Holz war etwas in Reserve da. Am vierten Tag traf eine Kommission von Moskau ein. Zur Gesundheitsbesichtigung. Wieder war Fleischbeschau! Alles wurde „O.K" geschrieben. Das hieß, wir brauchten nicht mehr arbeiten. Das gesamte Lager wurde Lazarettlager, das Küchen- und Hilfspersonal abgelöst und als Holzkommando eingesetzt, welches später auch die drei Erfrorenen fand.

Ein matter Hoffnungsschimmer leuchtete uns. Die Jüdin sprach deutsch und sagte, wir bekämen besseres Essen und bessere Kleidung. Es war tatsächlich anders. Bald aßen wir die letzte rote Rübensuppe. Sie wurde von Mehl- und Schrotsuppen abgelöst. Auch bekamen wir 250 Gramm Weißbrot und 300 Gramm Schwarzbrot. Das amerikanische Büchsenfleisch blieb weg. Es war das letzte Fett für die nächsten zweiundeinhalb Jahre gewesen.

Wir brauchten nicht mehr auszurücken. Das Sterben ging weiter. So schnell konnte auch eine Mehlsuppe keine Abhilfe schaffen. Nachts ging ich fünfzehn bis zwanzig Mal austreten. In der Mehlsuppe waren kein Fleisch und kein Fett mehr. Auch war es so kalt geworden, dass kein Ofen mehr imstande war, ein Zimmer nur annähernd zu heizen. Andere *Plennye* gingen nur vier bis fünf Mal in der Nacht zur Latrine. Ihnen stand früh das Wasser im Gesicht. Sie waren völlig verquollen. Im Laufe der Nacht wurde ihr Gesundheitszustand immer schlechter. Der Wasserhaushalt in ihren Körpern war gestört. In den Beinen fing es an. Sie waren dick und aufgeschwemmt. Dann der Körper! Wenn das Wasser das Herz erreicht hatte, brachten wir sie in die Totenkammer zu den Anderen. Dies war ein Teillager geworden, ein Teillager der Nackten und Toten. [28]

Da wir so viele Tote hatten, besserten sich die Lebensverhältnisse für die Überlebenden. Wir konnten uns nun aller fünf Wochen einmal waschen und bekamen fünf Gramm Seife dazu. Auch erhielten wir nun endgültig neue russische Unterhosen und Hemden sowie gute dicke Pelze und Filzstiefel. Ferner erhielt jeder ein paar finnische Wollsocken und Handschuhe.

So angezogen lagen wir auf den Pritschen und schliefen jede freie Minute. Dutzende von Ratten liefen uns in nie gesehener Größe nachts über die Köpfe. Es war unheimlich. Wie viele wir auch erschlugen, immer waren es neue und mehr.

Wanzen, Läuse, Ratten, Hunger, Kälte, Tote und Sterbende, das war Russland. Das war meine Kriegsgefangenschaft.

---

[28] Auch in den Gefangenenlagern der westlichen Alliierten nahm das Sterben seinen Lauf. Aus einer Eintragung vom 2. Oktober 1945 geht hervor, dass die Todesfälle in den US-amerikanischen und französischen Lagern zu dieser Zeit ungefähr achtmal höher waren als die Gefallenen der deutschen Wehrmacht an der Westfront während der letzten vier Jahre (*Francis Biddle Papers, International Military Tribunal Papers*, George Arents Research Library, Syracuse, New York).

In dieser Zeit meldete ich mich oft freiwillig zum Holzhacken bei irgendeinem russischen Offizier. Meistens waren wir dann zwei oder drei Mann und ohne Posten. Die Leute im Dorfe hatten ihre Meinung nun geändert. Sie wussten, wie viele von uns schon verhungert waren. So gingen wir auf dem Wege zur Arbeit in die Hütten und baten um etwas zu essen. Die Leute hatten selbst nichts und hungerten wie wir. Trotzdem kann ich mich nicht erinnern, dass ich je mit leeren Händen von den Türen ging. Meist waren es ein oder zwei rohe Kartoffeln, die ich bekam. Selten Hände voll davon. Oder gar Milch oder ein warmes Mahl von Kartoffelbrei. So besserten wir unsere Verpflegung noch auf und hatten den Vorteil, nicht immer zu rasten. Wer rastet, der rostet ... und stirbt.

Oft war ich in diesen Wochen beim *NKWD*-Offizier selbst zum Holzhacken. Seine Mutter, aus Minsk stammend, welche sieben Jahre in Berlin studiert hatte, Deutschland gut kannte und die deutsche Sprache gut beherrschte, wohnte mit bei ihm. Sie schob uns alles Mögliche zu, was für uns essbar war. Wenn sie sicher war, dass ihr Sohn nicht im Dorfe war, holte sie uns in die Stube und gab uns warmes Essen. Die Frau tat, was sie nur irgendwie tun konnte. Aber sie lebte in einer ständigen Angst vor ihrem Sohn und ihrer Schwiegertochter, die beide fanatische Kommunisten waren.

Ich habe mich oft mit ihr unterhalten über Deutschland, welches sie unendlich lobte, und sie bedauerte ihr Schicksal, in dieser Hölle Russland leben zu müssen. Sie kannte Paris und London und westliches Leben. Ihrem Sohne hatte sie oft davon erzählt, konnte jedoch nicht verhindern, dass er als Jüngerer dem schleichenden Gift Kommunismus erlag. So musste diese gute Frau ihre letzten Lebensjahre zubringen, immer im Angesicht des Elends und des Terrors, welchem ihr eigener Sohn im guten Glauben seine Hand lieh.

Unsere Arbeit selbst war schwer, die Sägen schlecht. Aber wir waren lange schon „Spezialisten" in Holzsachen geworden. Wir wussten, wie man Eichenklötze schlagen musste, die einen Meter hoch waren, einen Dreiviertel Meter Durchmesser hatten und gefroren waren. Das Holz sprang in der Kälte nur so ab. Ringsum am Rande schlagen und im letzten Moment das Beil nach außen kanten, und schon sprang ein starker Knüppel ab.

Das Zersägen der Stämme freilich blieb Kraftarbeit. Da half keine Routine. Die Handgelenke und Schulterblätter knirschten nur so. Wir alle hatten Sehnenscheiden-Entzündungen in allen Gelenken. Bei mir ging es noch vergleichsweise gut. Mein vom Sport her an Strapazen und Entbehrungen gewöhnter Körper funktionierte gerade noch so, obwohl ich zum Skelett abgemagert war.

Da ich mich oft zum Arbeiten freiwillig meldete, holte man mich auch in die russische Garnison zum Saubermachen. Es war eine ganz gottesjämmerliche Drecksarbeit. Unbeschreiblich dieser Schmutz in dem Schlafsaal! Wenn ich da zurückdachte an meine Kaserne in Dresden, die ich einmal drei Tage lang von oben nach unten und umgekehrt geschrubbt hatte, nur weil ich den Kommandeur nicht gegrüßt hatte! Oh, da konnte man doch gut und gerne vom Fußboden essen! Aber hier? Da fühlten sich bald die einen halben Meter langen Ratten vor Dreck nicht mehr wohl.

Meine größte Aufmerksamkeit widmete ich dem Speisesaal. Da lag noch überall trockenes Brot herum, welches uns so dringend fehlte. Hier wurde ich satt.

Die Soldaten erhielten 800 Gramm Brot am Tag und dreimal Suppe, die recht kräftig mit Fleisch und Öl, Hirse, Reis oder Weizen war. Dazu Tabak und Zucker. Ein „festes" Essen, wie wir es in Deutschland bei der Armee hatten, gab es nicht. Immer Suppe, Suppe, Suppe! Daher wohl auch die gleichnamigen runden und aufgequollenen Köpfe!

Immerhin war ich recht ordentlich froh, wenn dieser oder jener am Tisch Suppe für mich stehen ließ. An diesen Tagen wurde ich satt und lernte viel Russisch dazu. Dies umso mehr als der russische Koch einigermaßen deutsch sprach. Seine Mutter war eine deutsche Krankenschwester aus dem 1. Weltkrieg, die – in Gefangenschaft geraten – einen Arzt in Usbekistan geheiratet hatte. Sie hatte so viel auf ihn eingewirkt, dass er uns Kriegsgefangene human behandelte, wo er nur konnte. Besonders ich hatte bei ihm einen großen Stein im Brett. Was er konnte, gab er mir zu essen. Oftmals konnte ich bei ihm mithelfen. Das waren meine Sonntage. Allmählich erwärmten sich auch andere russische Soldaten für mich. Plötzlich hatte ich so viel, dass ich es noch in das Lager mitnehmen konnte, oder ich konnte meine Suppe im Lager, die mir ja blieb, „verkaufen". So erholte ich mich etwas, derweil das Sterben im Lager noch kein Ende gefunden hatte. Wir schrieben Mitte Februar 1946.

**!0. Kapitel.** *Wölfe*

Obwohl die Tage schon merklich länger wurden, war die Kälte unbeschreiblich. Wenn wir in diesen Wochen hätten arbeiten müsse, wären wir alle jämmerlich erfroren.

Nur einmal musste ich nachts auf die Strasse gehen, weil irgendwie wohl ein besonderer Grund vorhanden gewesen war. Für diesen Tag bekamen wir sechs Mal Suppe und auch doppelt Brot. Unsere Aufgabe war, Steine von Lastkraftwagen abzuladen, die in der Nacht kommen sollten. Jedoch es kam nur ein Fahrer zu Fuß ohne Auto. Er war halb erfroren. Es waren 48 Grad unter Null. Achtundvierzig Grad!!!

Der *Natschalnik* wusste, was er tat, als er für uns acht *Tschelovjek* [29] die besten Wintersachen in unserem Lager zusammengesucht hatte und trockene Filzstiefel sowie doppelte Handschuhe und dicke Fellmäntel! Es war eine mörderische Kälte. Wir verkrochen uns zwischen die Hütten und fanden trotzdem keinen Schutz vor dem Wind und der Kälte. Feuer brachten wir keines an in dieser eisigen Atmosphäre. Keiner war fähig, ein Streichholz anzuzünden in dieser eisigen Nacht, so steif waren die Finger. Ich glaube, in dieser Nacht wäre das Feuer an der Kälte „erfroren". Das Gleichgewicht der Natur schien gestört.

Immer wieder sprang ich auf, um nicht ganz einzuschlafen, rannte über die Straße und zurück. Ich wusste: Einschlafen bedeutete den Tod. Wieder war jeder ganz auf sich allein gestellt. Keiner konnte Keinem helfen. Fern - dann wieder nah - heulten die Wölfe.

Als wir früh wieder im Lager waren und in die Baracke traten, brannte uns der ganze Körpeer, obwohl es auch da eisig kalt war, durchrieselt von einer scheinbaren wohligen Wärme.

Tage später holte mich der *Natschalnik* wieder. Es ging zur Pferdebasis. Ich bekam einen Schlitten wie er und noch ein russischer Soldat. Vordem hatte ich noch gutes Essen bekommen und gute Filzstiefel sowie Wintersachen. Dann ging es los. Ich werde diese Fahrt nie in meinem Leben vergessen.

Wir fuhren durch das Dorf. Der *Natschalnik* voran, dann ich, dann der Soldat. Ich war satt, und mir war warm, und die Sonne schien glitzernd in den Eiskristallen. Lustig klangen die Schellen der Pferde in den Wintermorgen hinaus. Wir schnalzten mit den Peitschen, dass es eine Lust war. Die Nüstern der Pferde dampften. Nach langen Monaten freute ich mich das erste Mal meines Lebens und Daseins. Alles war so golden überstrahlt, so herrlich. Mir fiel die „Petersburger

---

[29] *Человек* und *люди* sind die russischen Wörter für Mensch bzw. Menschen.

Schlittenfahrt" [30] ein, der ich al Kind so oft am Grammophon gelauscht hatte. Ja, das war sie, die „Petersburger Schlittenfahrt"!

Bald änderte sich das Bild. Wir fuhren auf schmalem Pfad durch den Wald; dann wieder Steppe. Die Kälte drang durch die Pelze. Wir liefen streckenweise neben den Schlitten und den Pferden her. Manch einmal schaufelten wir den Tieren den Weg mit großen Holzschaufeln durch Schneewehen frei. Den Wind hatten wir im Rücken und merkten daher die Kälte nicht so. So fuhren wir stundenlang abwechselnd durch Wald und Steppe. Außer ein paar Schneehasen war kein Wild zu sehen, obwohl genug Spuren vorhanden waren, besonders mit der starken, nach hinten gestellten Kralle von Wölfen.

Als die Schatten schon länger wurden, erreichten wir unser Ziel. Es war das Nachbardorf. Für unsere europäischen Zeitbegriffe unendlich weit entfernt. Hier sollten wir Roggen laden und diesen in das Magazin [31] in unserem Dorf bringen. Jedoch erfuhren wir, dass hier eine Seuche ausgebrochen war, und wir das Dorf nicht betreten durften. Sollten wir unverrichteter Dinge wieder umkehren? Das hieße, für die nächsten Tage kein Brot zu haben. So musste es also versucht werden.

Ich konnte in der ersten Hütte bleiben, während der *Natschalnik* mit dem Posten zum *Sklad* [32] des Dorfes fuhren. So war ich ordentlich froh, endlich wieder im Warmen zu sein, während die Pferde gierig das Heu fraßen. Da es noch einigermaßen hell war, traf ich die Frauen bei der gewohnten Beschäftigung an: Sie suchten sich gegenseitig die Läuse von den Köpfen, wohl eine allrussische Beschäftigung um diese Jahreszeit. Um meinen Hunger zu stillen, vertauschte ich schnell ein paar Stricke vom Schlitten gegen Brot, Tabak und etwas Suppe. Der *Natschalnik* nahm sie den Leuten später wieder weg. Dann legte ich mich schlafen.

Es war Nacht, als man mich wachrüttelte. Von einer Petroleumfunzel schwach erhellt, aßen wir noch einmal getrockneten Fisch, Brot und tranken Wasser dazu. Der *Natschalnik* hatte solches mitgebracht. Die Schlitten waren inzwischen beladen und die Säcke fest vertäut. Auch die Pferde hatten noch einmal zu fressen bekommen. Dann sagte er mir, ich solle immer dicht hinter ihm bleiben und niemals anhalten. Danach luden sie ihre Maschinenpistolen durch und schossen probeweise in diese sternklare, hohe und eiskalte russische Nacht hinaus. Fackeln wurden angezündet und an jedem Schlitten zwei von ihnen befestigt. Dann saßen wir auf, legten noch einen Sack Roggen auf die Filzstiefel, damit der eisige Wind nicht so durchdringen sollte und fuhren als gespenstischer Zug in die

---

[30] *„Die Petersburger Schlittenfahrt"* ist heute das wohl bekannteste Werk des deutschen Komponisten *Richard Eilenburg*, 1848-1925. Besonderer Beliebtheit erfreut es sich nach wie vor in Russland.

[31] *магазин* ist das russische Wort für Kaufladen.

[32] *склад* ist das russische Wort für Vorratshaus.

Nacht hinaus. Ich sah noch, wie die Leute hinter uns ein Kreuz schlugen. Aber erfasste ich den Sinn?

Ich hatte all den Vorbereitungen mit etwas Gleichgültigkeit und Ironie zugesehen. Mein Leben war nicht mehr so bedeutend und so wertvoll! Ich dachte nur von einer Mahlzeit zur anderen. Und Gefahr? Ja, die gab es. Es war meiner Ansicht nach nur die unheimliche Kälte, und dass wir uns verirrten.

Aber ich erfasste das alles nicht bei diesem Aufbruch. Ich sah nur das Romantische, das Sibirische des Bildes: die zündelnden Fackeln, den glitzernden Schnee, die Schatten, die Irrlichter dazwischen, dieses gespenstische Huschen, das Dunkel des Waldes, die hohe Nacht, das Knirschen der Kufen nun und das ungeduldige Stampfen der Pferde zuvor. Und in der Ferne: die wenigen spärlichen Lichter des Dorfes.

Dann verschluckte uns die Finsternis.

Wir hatten den ersten Wald hinter uns, als die Pferde unruhig wurden, ausbrechen wollten und ungleichmäßig zogen. Der *Natschalnik* rief mir etwas zu, was ich aber nicht verstand. Dann ging sie los, die wilde Jagd, die mir den Angstschweiß aus den Poren trieb. Plötzlich wusste ich, was Wölfe waren. Das Bild meiner Kinderjahre vom „Der Wolf und den sieben Geißlein" [33], vom Wolf, der ein großer Schäferhund war, schwand aus meiner Vorstellungswelt. Jetzt wusste ich plötzlich, das war eine Bestie, die die Schlauheit des Schäferhundes mit der ganzen reißenden Wildheit eines Wolfes paarte.

Wir flogen nur so über die Steppe dahin, derweil rechts und links manchmal ein huschender Schatten sichtbar wurde. Dann ratterten die Maschinenpistolen – unsicher geschossen – durch die ferne Nacht.

So ging es eine Zeitlang, die mich eine Ewigkeit dünkte. Die Pferde gaben ihr Letztes und flogen mit fliegenden Flanken dahin. Für Sekunden kam mir der Gedanke, was, wenn ein Pferd vom vorderen Schlitten einen Fehltritt tat und stürzte? Dann wären die Wölfe über uns, und es gäbe kaum mehr ein Entrinnen in dem Durcheinander.

Ich dachte mit Schrecken an den nächsten Wald, wo die Wölfe leicht näher herankommen konnten, und sie der Schweißgeruch der Pferde zum Angriff reizen würde. Wir mussten einen engen Hohlweg passieren, wo die Böschung steil über uns lag. Würde dort nicht ein hungriger Wolf springen? Ich nahm eine Fackel und ließ die Funken in die Nacht stieben, während wir weiter jagten, von den huschenden Schatten begleitet.

---

[33] „Der Wolf und die sieben Geißlein", ein Märchen der Gebrüder *Jacob Ludwig Grimm,* 1785-1863, und *Wilhelm Carl Grimm,* 1786-1859

36

Dann war der Wald da, ich sah die dunkle Wand näherkommen. Bald verschluckte sie uns. Der Weg schlängelte sich, wir mussten langsamer fahren. Die Wölfe heulten hinter dem dritten Schlitten. Der Posten schoss ein Magazin nach dem anderen leer. Dann trat plötzlich Stille ein. Hatte er einen getroffen, der jetzt von seinesgleichen zerfleischt würde? Oder war es der weiche Schnee im Wald, in welchem die Wölfe mit ihren schmalen Läufen versanken? Wohingegen sie uns auf der kristallharten Steppe leicht folgen konnten? Oder hatten sie keinen Hunger? Ich weiß das heute noch nicht.

Ich spürte keine Kälte mehr und nicht den eisigen Wind, der uns begleitete. Wir verließen wieder den Wald. Noch immer war es eine jagende, eine fliegende Fahrt. Woher die Pferde nur die Kraft dazu nahmen? Noch einmal hörte ich fern einen Wolf in die Nacht heulen.

Stunden später wurde es im Osten fahler am Himmel. Die Pferde gingen im Schritt. Von fern sahen wir G. liegen. Als wir einfuhren, war keine Menschenseele auf der Strasse zu sehen. Im Magazin herrschte wohlige Wärme. Der Jude, welcher das Lager leitete, gab uns zu essen. Wieder huschten die großen Ratten spielend um unsere Füße. Dann stellte er uns jedem ein Glas voll Wodka hin. Der *Natschalnik* wollte meines nehmen. Er sagte, Wodka dürften keine Kriegsgefangenen bekommen. Ich sagte darauf: „Aber Wasser [34], *Towaristsch* [35]! Schau, wie klar!" Dann trank ich. Mir wurde heiß.

Als ich ins Lager ging, gab mir der Jude Zucker, Brot und Tabak sowie einen Zettel, damit mir die Wache das nicht wegnahm.

Im Schlaf noch verfolgten mich die Wölfe. Ich schwenkte meine Fackel und schrie. Ich erwachte und war in Schweiß gebadet.

---

[34] Das russische Wort *водка* kann auch mit „Wässerchen" übersetzt werden.
[35] Das russische Wort *товарищ* bedeutet Genosse, Kamerad, Mitstreiter.

**11. Kapitel.** *Russisches Perpetuum mobile* [36]

So verging der erste russische Winter in Gefangenschaft hart an der Wolga. Aus Wochen waren wieder Monate geworden, dass wir uns nicht gewaschen hatten. Nachts zogen wir uns an zum Schlafen. Pelze, Filzstiefel, Wattehosen und Jacken bildeten unseren Schlafanzug. Trotzdem war es bitterkalt. Laufend wurde die Tür in den Baracken aufgestoßen von denen, die zur Latrine gingen oder von dort kamen. Ich hatte es immerhin schon so weit gebracht, dass ich nachts nur noch zehnmal gehen musste, ohne irgendwie Wasser anzusetzen.

Die unzählig vielen Erfrierungen bei Einbruch des Winters konnten nicht behandelt werden. Es gab weder Verbandsmaterial noch Arznei. Einige wenige *Plennye* waren in ein Lazarett abtransportiert worden. Andere waren vom Lazarett zu uns gekommen. Sie schilderten uns die Zustände dort.

Holz, um die Stuben zu heizen, gab es den ganzen Winter über nicht. Dieses wurde von dem russischen Lazarettpersonal auf dem schwarzen Markt verschoben. Belegt war das Lazarett mit etwa 800 Gefangenen, die dreimal mehlhaltige Suppe, 500 Gramm Weißbrot, 17 Gramm Zucker und 5 Gramm Tabak sowie – man höre und staune – einen Löffel Lebertran am Tag bekamen. Alles lag auf Holzpritschen, genau wie wir im Lager, ohne indessen einen Strohsack zu haben, zu welchem wir es noch gebracht hatten. Auch dort war die Wanzenplage fürchterlich. Jeder Kranke hatte vier Decken; zum Teil waren es Bettvorleger aus Deutschland. Trotz dieses Schutzes gegen die Kälte waren einige Kranke schon in den kalten Nächten in einem Eckzimmer buchstäblich auf der Pritsche erfroren. Es gab keinen Kranken im ganzen Lazarett, der von den Oberschenkeln abwärts Gefühl in den Beinen und Füssen gehabt hätte. Alles steckte mit dem Kopf unter den Decken, um sich wenigstens am eigenen Hauch zu erwärmen. So gingen Tage, Wochen, Monate dahin. Nur zum Essen, wenn es die heiße Suppe gab, tauchten die Skelette für Minuten auf. Das Brot ging mit unter die Decke. Dann bewegten sich die Oberflächen für kurze Zeit. Tauchte einer nicht auf zum Essenfassen, so war das ein sicheres Zeichen, dass er tot war. [37]

Einmal im Monat war „Fleischbeschau". Der Jude war human, einigermaßen wenigstens. Auch hier: kein Wasser, keine Arznei.

---

[36] Ein *Perpetuum mobile* (lat.: ‚sich ständig Bewegendes') ist ein hypothetisches Gerät, das – einmal in Gang gesetzt – ohne weitere Energiezufuhr ewig in Bewegung bleibt und dabei möglicherweise auch Arbeit verrichtet. Dies widerspricht dem Satz von der Erhaltung der Energie.

[37] *Dr. Siegfried Enke* aus Wuppertal berichtete *James Bacque*, s. Ref. 78, über ähnliche und schlimmere Erscheinungen der Unmenschlichkeit in US-amerikanischen und französischen Kriegsgefangenenlagern, in denen er über ein Jahr Kranke versorgte. Die sogenannten „Lazarette" der US-Armee seien nichts anderes als Sterbeplätze gewesen, in denen Todkranke im Endstadium den Blicken der anderen Gefangenen entzogen waren, und man sie ohne Behandlung sterben ließ. – schon ganz in der Nähe ihrer Gräber. Die „Lazarette" waren Auffanglager für die Sterbenden.

Die vom Kratzen an den Gelenken offenen Wanzenbisse vereiterten weiter. Einige hatten furchtbare Wundbilder. Es sah aus wie Syphilis im dritten Stadium. Durch die Unterernährung entstanden Phlegmone und andere Komplikationen, denen kein Einhalt geboten werden konnte.

Es gingen viele Kameraden an den Folgen der Wanzenbisse zugrunde, während die einigermaßen wieder gesundeten *Plennye* in Arbeitslager entlassen wurden; ... ; wieder krank wurden und in Lazarette eingeliefert; ... ; und so den Kreislauf schlossen. Es war das russische *perpetuum mobile*, wirklich die unbestritten russische Erfindung eines „ewigen Kreislaufes". Ich kannte Einzelne, die diesen Wandel der Dinge schon sechs oder sieben Mal mitgemacht hatten. Diesen Bericht brachten die aus dem Lazarett Entlassenen mit ins Lager. Wir wussten, dass es stimmte, was sie sagten. Später war auch ich als „Dystrophiker" in einem anderen Lazarett und habe genau die gleichen Bedingungen angetroffen.

Teilweise brach noch Fleckfieber aus und erhöhte die Katastrophe. Dann wurden die Lazarette geschlossen und stillgelegt. Die Insassen brachte man einen Fuß tiefer unter diese verdammte russische Erde. *Nitschewo.*

Es sind ganz andere Dinge passiert, lange bevor ich in Gefangenschaft kam. Ich denke dabei an den Bericht eines Freundes, der vor dem Krieg bei uns zu Hause aus- und einging, und der bei Stalingrad in Gefangenschaft geraten war. Er war einer von fünfundzwanzig Überlebenden aus einem Lager von 3 000 Mann in Sibirien, in welchem Fleckfieber und Ruhr zugleich ausbrachen, welches geschlossen wurde und nach Wochen nur noch das Küchenpersonal, das sich verbarrikadiert und verteidigt hatte, als Überlebende barg.

Von diesem auch erfuhr ich von einem Gefangenentransport im Winter 1942/43, der von der Front kam und deutsche Verwundete enthielt. Sein Ziel war ein Kriegsgefangenen-Lazarett in Sibirien im Ural. Dieses wurde auch nach Wochen erreicht. Allein, von all den Kranken war kaum einer noch am Leben. Die Toten waren angefroren und mussten mit Brechstangen aus den Waggons gebrochen werden. Es waren Hunderte. Mein Freund selbst hat diese Arbeit damals auch verrichten müssen. Dieser Bericht war authentisch. [38]

So waren wir in unserem Lager gegenüber den anderen noch in erträglichen Verhältnissen. So meinten wir. Die Toten allerdings hätten anders gesprochen, aber sie hatten ja keine Stimme mehr. Über ihre Gräber trug der Wind die Schneemassen gen Westen.

Die Wochen vergingen.

---

[38] Amerikanisches Bewachungspersonal berichtete wiederholt, dass es beim Öffnen von Waggons mit Kriegsgefangenen aus Deutschland nach Ankunft in Frankreich nur noch Tote vorfand. So wurden beispielsweise am 16. März 1945 in Mailly-le-Camp 104 Tote gefunden; weitere 27 Tote fand man in Arrichy (*History of Provost Marshal Section*, Ad. Sec. Com. Z., May 1945; unterschrieben von Lt. Col. *Valentine M. Barnes Jr.*, in NARS 332, Box 22, USNA, Washington).

Ende März gab es wieder Bewegung und Aufregung im Camp. Wieder war die Kommission zur „Fleischbeschau" gekommen. Fast alles wurde arbeitsfähig geschrieben.

**12. Kapitel.** *Im Fieber-Delirium*

Am 1. April – ich werde diesen Tag nie vergessen – rückten wir das erste Mal wieder zur Arbeit aus. Eine Strasse war vom Schnee frei zu schaufeln. Sieben Kubikmeter war die Norm pro Mann. Dann konnten wir wieder ins Lager.

Es war ein strahlend schöner Tag, einer jener ersten Sonnentage, als wir armseligen Kreaturen wieder Hoffnung schöpften, derweil wir schaufelten und schaufelten und schaufelten. Am Mittag brachte ein Schlitten Suppe. Das Vierteljahr war um, die Zeit der Mehlprodukte vorüber. Es gab eine jämmerlich dünne Krautsuppe mit einigen Fischen darin. Oder waren es nur die ausgekochten Fischköpfe, die den Geschmack erzeugten? Wir wussten, so würde das weitergehen für die nächsten drei Monate: Krautsuppe, Wassersuppe, Kohlsuppe, *Kapusta* [39]-Suppe. Es blieb immer das Gleiche für das nächste Quartal: Spülwasser eines fünftklassigen Hintertreppenhotels. Nach dieser Zeit würde sie wohl abgelöst werden von einer grünen Tomatensuppe oder Brennnesselsuppe mit Kohl, dann wieder rote Rüben, damit sich der Kreis des Jahres schloss. Wir wussten das von alten Gefangenen und auch von der russischen Zivilbevölkerung, die unter gleichen Bedingungen vegetierte.

So schaufelten wir weiter.

Am frühen Nachmittag war ich fertig. Meine sieben Kubikmeter türmten sich hoch an den Seiten. So lehnte ich mich schwach und müde für Minuten an die Schneewand und schaute in die herrliche Winterlandschaft in diesem Schneeglanz. Es sah alles so fröhlich aus. Von Weitem das Dorf, der Fluss, die Menschen, die vermummt über die Strasse gingen, das Lager. Und doch: Welcher Kampf um das nackte Dasein tobte in diesen Menschen täglich?

Ich war so müde, so unsagbar müde! Ich dachte, es müsste eigentlich schön sein zu sterben, hinaufzufahren in diesen goldenen Glanz der Sonne! Frieden! Alles dies hier zu vergessen, dieses jämmerliche Elend. Mir fielen ein paar Zeilen von *Cäsar Flaischlen* [40] ein, die so recht zu meinen Empfindungen passten:

„ … goldenes Entfärben
Schleicht sich durch die Nacht
Auch Vergehen und Streben
Täuscht mir Gutes zu sein …"

---

[39] Das russische Wort *капуста* bedeutet Kohl.
[40] *Cäsar Otto Hugo Flaischlen,* 1864-1920, war Anfang des 20. Jahrhunderts ein in Deutschland bekannter impressionistischer Lyriker und Dichter, vor allem in schwäbischer Mundart.

Dann fröstelte es mich. Ich war ja nass geschwitzt. Ich ging zum Feuer und hockte nieder. Die Posten ließen mich gewähren. Minuten später schlug ich mit den Zähnen aufeinander, dass ich meinte, sie sprängen ab. Ich hatte Fieber.

Dunkel erinnere ich mich noch, dass man mich mit ins Lager schleppte. Dann stand ich im zugigen Korridor und wartete auf die Revierstunde. Irgendwann brach ich zusammen. Ich wusste nichts mehr.

Später hat man mir das Folgende erzählt. Ich hatte 41 Grad Fieber. Man schleifte mich durch die Entlausung und legte mich ins Bett, heiße Ziegelsteine an den Füssen. Später gab man mir für die nächsten Tage laufend Eichenrindentee und die einzige Arznei, welche überhaupt im Lager war: amerikanische Chinintabletten mit braunem Zuckerüberzug. Sonst nahm ich keine Nahrungsmittel an. So lag ich ganze acht und einen halben Tag, ohne die Besinnung wiedererlangt zu haben.

Dann wachte ich auf und sagte: „Was, es ist schon wieder Tag?" Darauf sagte der deutsche Arzt zu mir, welcher übrigens aus meiner Heimat stammte: „Mensch, Karl, haben Sie ein Herz! Dass Sie das überstanden haben!" Er hatte Nächte an meinem Bett gewacht.

Man wusch mir den Schweiß vom Körper. Ich war ein Skelett. Noch drei Wochen Schonzeit bekam ich im Revier. Oft konnte ich in dieser Zeit in der Küche helfen. Langsam ging es wieder aufwärts mit mir.

Eines Tages kam wieder eine Kommission. Die Arbeitskommandos arbeiteten im Wald, wo ein Steinbruch eröffnet worden war. Dort wurde separat gekocht. Ich erhielt den Auftrag, zwei Eimer reine, gute Sahne, die was weiß ich ganz plötzlich woher gekommen war, nach dort zu bringen. Reine Sahne!

Unglaublich, und nie gesehen noch gehört in Russlands Steppe. Und diese in die *Kapusta*-Suppe der *Plennye*! Das war Revolution!

Natürlich war es „Streusand" in die Augen der Kommission! Jetzt verstand ich den Begriff der *Potjomkinschen Dörfer*, die zur Zarenzeit an den wenigen Bahnstrecken als Fassaden erbaut, den Zar auf seinen Reisen über die Aufwendungen und Fortschritte der Regierung täuschen sollten. [41]

---

[41] Fürst *Gregorij A. Potjomkin* war unter der Zarin *Katharina der Großen*, 1729-1796, verantwortlich für die Bevölkerung des Schwarzmeer-Gebietes. Bei einer Reise durch die die seit 1783 russische Krim nahm die Zarin *Potemkins* Arbeit in Augenschein. In St. Petersburg wurden derweil – vermutlich von Personen, die verärgert waren, an der Reise nicht teilnehmen zu dürfen – Gerüchte verbreitet, nach denen *Potjomkin* lediglich Dörfer aus bemalten Häuserfassaden aufgestellt habe, um die Zarin mit seinen Erfolgen zu beeindrucken.

So schleppte ich die Eimer mühsam durch den Schnee. An der zerfallenen Kirche machte ich Halt. Der Versuchung konnte ich doch nicht widerstehen. So aß ich Sahne aus der Hand! Händeweise!

Im Steinbruch bekam ich Suppe. Ich aß! Ins Lager zurückgekehrt, erhielt ich Nachschlag. Ich aß! Im Revier hatte man meine Suppe aufgehoben. Ich aß! Dann erbrach ich mich. Und wie! Ich war nahe daran, in die Latrine zu fallen. Dann lag ich wieder im Revier.

Ich erholte mich bald.

## 13. Kapitel. *„Rumpelstilzchen"* [42]

„Was vergangen, kehrt nicht wieder;
Ging es aber leuchtend nieder,
leuchtet's lange noch zurück ... !" [43]

Ja, das war Rumpelstilzchen!

Tage später hatte ich ein Erlebnis, an welches ich mich noch heute gern, mit einem müden, resignierenden Lächeln zurückerinnere. Mit einem mitleidigen Lächeln vielleicht auch! Mitleidig deshalb, weil ich ihr gerne den Gefallen getan hätte, aber ... . „Behüt dich Gorr, es wär' so schön gewesen. Behüt Dich Gott, es hat nicht sollen sein ... .".

Und doch, die Erinnerung an diese Geschichte bleibt unauslöschlich. Meist dann, wenn so frische eisig-kalte Wintertage waren, überstrahlt von goldener, schon wärmender Sonne, habe ich daran zurückgedacht. Dann sagte ich zu meinen Freunden: „Das ist ein Rumpelstilzchen-Tag!" Sie wussten um diese Geschichte und freuten sich dann im Stillen. So hat Rumpelstilzchen noch Jahre danach Freude, Lachen und Frohsinn bereitet.

Ich will dieses Erlebnis nicht vorenthalten, da es diese grauen Tage eine Weile golden gefärbt hat und genau so zu meiner Gefangenschaft gehört wie all die Toten, Versunkenen und Vergessenen. Ich muss zum besseren Verständnis weit zurückgreifen.

Das Lagerrevier hatte als Spitze einen russischen Arzt, dem der deutsche beigegeben war. Diesem war eine russische Medizinstudentin zu Hilfe und Ausbildung zugeteilt. Sie war ausgesprochen hübsch. Zierlich wie eine Kaukasierin, von dunklem Haar und Teint, dabei wohlgerundet in den Formen verriet sie unbedingt die Schönheit einer fremden Rasse. Ich hätte mich bestimmt nach ihr umgedreht, wäre sie mir auf dem Ku'damm [44] begegnet. Aber der Ku'damm und meine Vergangenheit waren weit. Ich war ein armseliger, jämmerlicher *Plennyi* in abgerissenen Hosen und mit eingefallenen Wangen. Sie hatte etwas von einer Stupsnase und herzerfrischende rote Wangen, gefärbt von der Natur wie ein ernereifer Herbstapfel. Dazu trug sie Juchtenlederstiefel und eine rote – weiß Gott, wo sie hergekommen war – eine rote Baskenmütze. Ihre ganze Erscheinung konnte man in einem Wort zusammenfassen: schönes, märchenhaftes Rumpelstilzchen!

---

[42] *Rumpelstilzchen* ist der Titel eines Märchens der Gebrüder *Grimm*, s. vorn.

[43] Man könnte denken, das sei ein Zitat aus dem Märchen - dann irrte wohl Herr *Neumann*. Dieser Vers stammt von dem deutschen Romantiker *Karl Förster* (1784-1841).

[44] Der *Ku'damm* ist die umgangssprachliche Verkürzung für *Kurfürstendamm*, eine Hauptverkehrs- und Geschäftsstrasse in Berlin-Charlottenburg.

44

Das Lager bewies so viel charakteristischen Geschmack und gab ihr diesen Namen. Niemand sprach von Nataschetschka. Selbst der deutsche Arzt rief sie bei ihrem Necknamen. Sie war damit einverstanden, da sie das schöne Märchen von Rumpelstilzchen kannte. Auch sprach sie leidlich deutsch.

Zu ihrer anziehenden Erscheinung gesellte sich ein gutes Herz. Sie war beliebt bei den Kriegsgefangenen; aber unnahbar, wie ich wusste. Mit meinem Freund, dem Küchenchef, hatte ich einmal dieses Thema berührt. Oft auch unterhielt ich mich mit ihr in der Zeit, als ich im Revier lag. Das Thema drehte sich um dieses märchenhafte Deutschland, das Land, „wo das Wasser aus der Wand flösse", wo es so viele bunte Kleider gab und Wohlstand und Luxus, wo jeder Arbeiter ein Radio hatte, das er selbst ein- und ausschalten konnte, und jeder ein Fahrrad. Das war ein Märchen für sie. Begierig lauschte sie stundenlang meinen Worten.

Eines Tages packte ich meines toten Freundes Photographien aus, die ich bei mir hatte. Ich wollte sie dereinst, wenn ich heimgekehrt war, als letzten Gruß seiner Mutter bringen. Es waren all seine Freundinnen, wohl fünfzehn an der Zahl, und eine war schöner als die andere. Wirklich, es waren Schönheiten darunter. Auf Rumpelstilzchens Frage, wer das sei, log ich „alle meine Freundinnen". Ihre nächste Frage war, ob ich sie alle „geliebt" hätte. Was sie darunter verstehe, fragte ich sie nicht. Indessen, ich log weiter: „Natürlich, ich hatte sie alle ‚geliebt' ". Rumpelstilzchen war des Wunderns voll! Und all die schönen Kleider und Kostüme! Ei, ei, war das eine Pracht! Sie konnte es kaum fassen. Aber sie glaubte es. Für sie war *Germanija* [45] ein Wunderland wie für uns Indien mit seinen Fakiren, Schlangenbeschwörern und Wundern aus *Tausendundeine Nacht* [46].

Tage später fragte mich der deutsche Arzt, ob ich mit Rumpelstilzchen grüne Tannenspitzen sammeln gehen wolle zum Kochen eines Vitamintees für die Kranken. Aber ja, ich wollte wohl! Erstmal war es einer jener strahlend-klaren Frühlingstage, wo man unbedingt hinaus muss in die freie Natur. Und dann: Rumpelstilzchen als Posten? Oh, sie würde mich schon zusätzlich etwas zu essen holen lassen! So zogen wir mit einem Kopfkeil ausgerüstet los. Sie musste für mich an der Wache quittieren.

Wir stampften durch den Schnee. Er war verharscht und teils hart gefroren. Es knirschte unter den Füssen. In Millionen Eiskristallen lag der Widerschein der Sonne. Die Luft war so rein und kräftigend. Wir unterhielten uns über unser altes Thema. Später kamen „meine Freundinnen" dran. Oh, was wollte sie doch alles wissen!

---

[45] *Germanija* ist die russische Bezeichnung für Deutschland

[46] *Tausendundeine Nacht* ist die berühmteste Sammlung orientalischer Erzählungen und zugleich ein Klassiker der Weltliteratur.

Inzwischen hatten wir einen Hügel im Wald erreicht, der uns eine herrliche Übersicht bot. Nun sammelten wir die Fichtennadelspitzen in unseren Sack. Währenddessen unterhielten wir uns über dieses und jenes. Schließlich, nach langer Zeit, fragte sie mich: „Karluscha, tanzt Du gerne?" Ich antwortete: „Aber ja, Rumpelstilzchen, sehr gern!" Das aber war glatt gelogen, denn ich war wohl auf sämtlichen Sportplätzen Deutschlands zu Hause, nie aber auf einem Tanzboden. Daher brachte sie mich in noch ärgere Verlegenheit, als sie sagte: „Komm, Karluscha, lass uns tanzen!" Nun musste ich „Wiener Blut" pfeifen, obwohl ich vor lauter Lachen kaum konnte. Wir waren recht fröhlich und ausgelassen. Sie fasste mich, ehe ich mich dessen versah, und dann drehte sich der arme, ausgehungerte *Plennyj* wie ein Tanzbär mit dem Märchenkind Rumpelstilzchen im Kreise.

Mir fiel ein, dass, wenn uns jemand sähe, er seinen Augen nicht getraut hätte, so urkomisch war die Situation. Mitten im russischen Wald auf einer Lichtung zwei Figuren *Andersens* oder der Gebrüder *Grimm* bei der neuesten Theaterprobe zu sehen. Dazu die einschmeichelnde Walzermelodie einer fernen Welt von viel zu großen Filzstiefeln zertreten! Sie bekam nicht genug, obwohl mir schon schwindlig vom vielen Tanzen wurde. So tanzten wir einer Schräge der Lichtung zu, in der einen Hand unseren Kopfkeil haltend, der die gesammelten Spitzen wieder auf das glitzernde Parkett verstreute. Wir achteten dessen nicht. Dann stolperten wir, rutschten auf dem verharschten Schnee, glitten und fielen, noch immer einander festhaltend, überrollend den Hang hinab. Unter einer grünenden Tanne blieben wir liegen. Hielt ich sie noch fest, oder sie mich? Küsste sie mich? Oder … ? War es überhaupt wahr … … oder doch ein Märchen?

Mir war noch so wirr im Kopf vom Tanzen. Erst musste ich „klar" werden. So blieb ich liegen. Ich spürte ihren heißen Atem, das Wogen ihrer jungen, straffen Brust. Das war Leben, junges, pulsierendes, begehrendes Leben.

Wir hatten nicht gesprochen. Jetzt brach sie das Schweigen des Waldes mit den Worten, die ich nie vergessen werde, über die ich heute nach acht langen Jahren noch lächeln muss, weil sie in Deutsch gesprochen mit dem fremden Akzent so sonderbar auf mich wirkten: „Karluscha, lieb mich, hörst Du, lieb mich!"

Da erkannte ich plötzlich die Situation, sah alles in anderem Lichte. Ich war frei von allen begehrenden, erotischen Gedanken in dieser Stunde gewesen. Hatte mit ihr getanzt, weil sie wollte. Ich hatte nichts dabei gedacht, war Kriegsgefangener und körperlich in einem Zustande, in welchem ich zu Hause bestimmt im Hospital gelegen hätte. Und sie sagte mit einem leichten Beben in der Stimme voll Erwartung zu mir: „Karluscha, lieb mich, hörst Du, lieb mich!" Da barg ich meinen Kopf zwischen ihre wogenden Brüste und weinte stumm. Ich wusste um das Unmögliche der Erfüllung ihres Wunsches. Aber sie? Das würde sie nie und nimmer verstehen, obwohl sie Medizinstudentin war.

In dieser Stunde war sie wohl bereit, den Schritt aus ihren Mädchenjahren in eine andere Welt zu tun. Den ersten? Sie war jung und gesund, ich verstand sie wohl. Aber sie mich? Konnte sie in dieser Stunde bereit sein zu verzichten? Nein, nein, das konnte sie nicht fassen, obwohl ich ihr sagte, wie gern ich sie hätte und sie die Märchenfigur Rumpelstilzchen in meiner Bildersammlung sei.

So lagen wir noch geraume Zeit zusammen, in der ich ihr noch viele schöne Worte sagte, um ihr aufgewühltes Inneres zu beruhigen. Dann löste ich mich und zeigte auf die umherliegenden Tannenspitzen, die ja für die Kranken bestimmt waren. Wir sammelten sie flugs ein und machten uns auf den Weg, der von der untergehenden Sonne rot überflutet vor uns lag. Als es dunkelte, küsste ich sie noch einmal zum Abschied. Wir waren nun gute Freunde geworden. Am Tor sagte ich ihr noch die treffenden Verse, die sie wohl verstand: „... Behüt' Dich Gore (Gott) [47], es wär' so schön gewesen, behüt' dich Gott, es hat nicht sollen sein... "

Dann fiel das Tor hinter mir zu. Ich barg einen unerfüllten Traum – golden überstrahlt – in meinem Inneren. Lange lag ich noch wach und dachte nach über den sonderbaren und herrlichen Tag. Weniger war es Rumpelstilzchen, die meine Gedankenwelt beschäftigte, als die biologische Frage des Erlebten. Ich musste plötzlich erkennen, dass ich – einst einer der besten Sportler – jetzt in der Mitte der zwanziger Jahre stehend, unfähig war, ein blühendes Weib zu lieben, obwohl meine Sinne erweckt, nach ihr begehrten. Zwei Jahre hatte ich mich mit Biologie befasst, kannte die *Mendel*'schen Gesetze [48], *Hugo de Vries* [49], *Darwin* [50] und *Tschermak* [51], aber auf diese einfache Frage, die das Leben stellte, wusste ich keine Antwort. Sie beunruhigte mich so, dass ich Tage später mit dem deutschen Arzt darüber sprach, der mir meine Bedenken allerdings zerstreuen konnte.

---

[47] Aus *Historien der Heyligen Außerwölten Gottes-Zeügen, Bekennern und Martyrern, so in Angehender ersten Kirchen, Altes und Neüwes Testaments, zuo jeder zeyt gewesen seind* von *Ludwig Rabus*, 1523-1592, Emmel, 1557

[48] Die *Mendel*'schen Gesetze (Regeln) beschreiben den Vererbungsvorgang bei Merkmalen, deren Ausprägung von jeweils nur einem Gen bestimmt wird. Diese Bezeichnung ist ungebräuchlich geworden, da diverse genetische Phänomene entdeckt wurden, bei denen ein Erbgang von diesen Gesetzen abweichen kann.
*Gregor Johann Mendel* (tschechisch: *Řehoř Jan Mendel*) , 1822-1884, war ein Ordenspriester und bedeutender tschechischer Naturforscher, der wegen der von ihm ausgearbeiteten Vererbungsregeln oft auch als „Vater der Genetik" bezeichnet worden war.

[49] *Hugo Marie de Vries*, 1848-1935, war ein niederländischer Biologe und einer der Wiederentdecker der von *Gregor J. Mendel* aufgestellten *Mendel*'schen Gesetze.

[50] *Charles Robert Darwin*, 1809-1882, britischer Naturforscher, der wegen der Begründung und seiner weiteren Beiträge zur Evolutionstheorie als einer der bedeutendsten Naturwissenschaftler gilt.

[51] *Erich von Tschermak-Seysenegg*, 1871-1962, war ein österreichischer Biologe, der auf der Basis von Pflanzen-Experimenten zur Wiederentdeckung der *Mendel*'schen Gesetze, ähnlich wie *de Vries* u.a., gelangte.

Noch ein Nachspiel hatte diese Episode. Vom nächsten Tag an wurde ich zur Hilfe in die Küche kommandiert. War das Rumpelstilzchens Tat? Ich lächelte, und … ich habe es nie richtig erfahren können.

## 14. Kapitel. *Straßenarbeit*

Wochen später ging ich zur Straße arbeiten. Wieder war eine „Fleischbeschau" gewesen.

Wir bauten an der großen Fernstrasse, die Leningrad, Moskau, Pensa, Syzran und Kuibyschew an der Wolga mit den Industriezentren des Urals verband. Die Arbeit, die wir leisteten, war gute deutsche Facharbeit. doppelte Packlagen, Düker, Brücken u.s.w. Eine ABC-Fabrik (Asphalt, Beton, Zement) entstand unter freiem Himmel. Teer und Portland-Zement kamen aus Deutschland. Gestohlenes Kapital. Drei große Kesselwaggons wurden eingemauert, um einmal den Teer zu kochen und, mit Silo- und Mischanlagen verbunden, zum anderen, das Gemenge eines guten Asphalts herstellen zu können. Steinbrechmaschinen ratterten Tag und Nacht, die Steine, welche vom Steinbruch laufend angefahren wurden, zu Split zu mahlen. Andere SIM-LKW [52] brachten Holz zum Heizen. Es war ein dauernder, immerwährender Betrieb.

Unfälle gab es am laufenden Band. Einer davon ist mir in Erinnerung. Oben auf dem großen Teerkessel stand immer ein *Plennyj*, der mit einem großen Ruder den kochenden Teer rührte und Klumpen über die Feuerstelle schob. Die Giftgase machten einen dort oben schwindlig. So geschah es, dass eines Tages ein Posten ohnmächtig wurde und in den kochenden Teer stürzte. Wir hörten noch einen Schrei, dann war alles vorüber. Der Kessel wurde abgelassen, gereinigt, und ein Schutzgitter wurde angebracht.

Den Toten fuhren wir in einer Radkarre an sein Grab. Es war nicht viel, was von ihm übrig geblieben war. Ich bin – obwohl so viel gewohnt – dem Anblick aus dem Wege gegangen.

Die Verpflegung war etwas besser geworden. Indem wir täglich zusätzlich 3/8 Liter *Kascha* (Brei) erhielten.

Ebenso emsig wurde auf der Straße geschafft. Das Packlager war fertig, das Profil mit Hilfe eines Ungetüms von einer amerikanischen Straßenbau-Maschine, die wie ein Schneepflug arbeitete, hergestellt. Oftmals hat diese Maschine unsere Norm in wenigen Minuten zurechtgedrückt, wofür wir Tage gebraucht hätten. Wir erreichten das mit 25 Gramm Tabak für den Fahrer. Wenige tausend Meter weiter wurde der Asphalt schon angefahren, aufgetragen, gewalzt und noch einmal gesplittet. So wurden jeden Tag 100 bis 150 Meter fertig.

Inzwischen war plötzlich heißer Sommer geworden. Wir litten nun unter der Hitze in gleichem Maße wie im Winter unter der Kälte. Nahe der Straße war

---

[52] *ZIM* ist die Abkürzung des früheren Namens des *Горьковский автомобильный завод* (*ГАЗ*); zu deutsch: *Gorkier Automobilwerk*, nämlich von *Zavod imeni Молотова*, zu deutsch: Molotow-Autowerke.

ein kleiner Bach, wo wir abends oft badeten, wenn ich den Posten überreden oder bestechen konnte. Das war eine Wohltat, ein Labsal nach des Tages Mühe.

Im Dorf, an der Brücke, die ebenfalls neu errichtet wurde, hatte das Brückenbau-Kommando ein Sprungbrett improvisiert. Die wenigsten sprangen. Uns war nicht danach zu Mute.

Ein Stück jenseits badeten oft die Dorfschönen genau wie wir im paradiesischen Kostüm. Woher sollten sie auch Badeanzüge haben? Da sie doch nur eine Garnitur Wäsche besaßen (und das ist noch zu viel gesagt!). Uns interessierte das wenig. Kaum, dass wir Notiz davon nahmen. Wir waren für so etwas tabu. Noch immer war Suppe wichtiger! Essen, essen, essen!

Nicht einer der *Plennyjs* war fähig, nur wenige Meter zu rennen. So viel Kraft hatte keiner, um seine Beine schnell zu heben. Bei vielen wollte auch jetzt noch nicht das Wasser aus dem Körper weichen, obwohl wir bei der Sommerhitze beinahe austrockneten. Der Organismus hing an Sehnen in einem Knochengerüst, genannt Skelett. Wohlproportioniert hieß das Mensch, wir waren Skelette. Hörte der Organismus auf zu funktionieren, so waren wir Tote. Man konnte auch anders sagen: Wir waren Tote mit funktionierendem Organismus, mit schlagendem Herzen!

Eine Erleichterung hatte uns der Lagerkommandant in diesem Sommer zugebilligt: das Schlafen auf dem Lagerhof. Wir betrachteten es als ein Geschenk des Himmels. So waren wir wenigstens von der Wanzenplage befreit. Dafür kamen die Moskitos. Doch sie waren noch einigermaßen erträglich.

**15. Kapitel.** *Straflager „U"*

In diesem Sommer trat eine Wendung ein, die mir bald zum Verhängnis werden sollte. Das kam so. Ich hatte die erste Post von zu Hause, dass alle gesund waren, wenn auch das Haus und Geschäft in Schutt und Asche lagen. Diese Nachricht bekam ich just an dem Tage, an dem eine neue Kommission das Lager besuchte.

Das Sterben hatte nachgelassen. Wenn es so weiterginge – das wusste ich – würde ich eines Tages meine Eltern wiedersehen.

Ich war in gehobener Stimmung. Daher ist es erklärlich, dass ich den Fehler beging, auf eine Frage der Kommission, wann wir die letzte reine Wäsche bekommen hätten, antwortete: „Vor sechs Wochen … und sie war dreckig". Das brach mir das Genick.

Eine Woche später großes Antreten im Lager. Ansprache des *Antifa*-Aktiv-Leiters. Ich hörte gar nicht hin. Es war ja doch Unsinn und Schwindel, was der sagte. Dann der *NKWD*-Offizier in Russisch. Ich verstand sofort, worum es sich handelte: Vorbereitung in ein Straflager von acht Mann, welche in der Mehrzahl gestohlen hatten. Diese Namen waren bekannt.

Als mein Name als neunter fiel, wollten mir die Sinne schwinden. Das hatte ich nicht und auch kein anderer erwartet. Das war Infamität. Die Rache des kleinen Mannes für die dreckigen Hemden. Ich schrie in Russisch dazwischen. Das Lager nahm Partei für mich. Die Szene wurde turbulent. Dann wurde ich von dem russischen Posten herausgeholt. „Vorbereitung zur Flucht", weil ich nicht rauchte und zwei Schachteln Streichhölzer im Brotbeutel hatte. Dies war mein Delikt.

Noch in selbiger Stunde wurden wir schwerbewaffnet auf ein Auto verladen. Am Lagertor stand Rumpestilzchen. Sie gab mir die Hand und sagte: „Leb wohl, Karlchen, vergiss …". Der Rest ging in ihrem Weinen unter.

Dem *NKWD*-Offizier spuckte ich vor die Füße. Er verstand die Geste nicht. Dieses Schwein!

Wir fuhren.

In U. empfing uns ein Kölner Rechtsanwalt als Lagerführer. Er kannte meine Geschichte, woher, wess der Henker. Sie war doch brandneu. Er war gerecht und gerade. Ein aufrechter Mensch in seinen Handlungen. Seine Worte brachten wenig Trost. Steinbrucharbeit, Laufschritttempo, Dreimal ½ Liter Wassersuppe, 400 Gramm Brot. In der Strafbrigade waren wir 46 *Tschelowek* [53]. Eine „Norrm" für einen Tag ist mir im Gedächtnis geblieben: 22 Kubikmeter

---

[53] *Tschelowek*, человек, Mehrzahl: люди, ist die russische Bezeichnung für Mensch.

Steine umschaufeln oder aufladen. Das sollte ein Mann leisten! Zweiundzwanzig Kubikmeter! Das sind schätzungsweise zwanzig Tonnen oder vierhundert Zentner!

Es war furchtbar, einfach unbeschreiblich und schrecklich.

Wieder jeden Tag einen Toten und mehr.

Wir arbeiteten an einer Wand und suchten uns die Arbeit durch Freilegen und Unterhöhlen zu erleichtern, obwohl es verboten war. So brachen wir Platten von einem Meter Stärke und sechs oder mehr Quadratmeter Fläche aus. Dieses zerschlugen wir mit dem Hammer.

Eines Tages brach eine Platte vorzeitig ab und begrub zwei *Plennye* unter sich. Wir buddelten fieberhaft den Sand weg, allein, wir bargen sie tot in furchtbar deformiertem Zustand.

Am nächsten Tag begruben wir sie unweit im Wald und errichteten ihnen eine Pyramide von blauen, großen Steinen. So liegen sie begraben wie die Könige der Wüste, allein, die Namen meldet kein Lied, kein Heldenbuch. „Versunken und vergessen, das ist des Landes Fluch …", so würde wohl *Ludwig Uhland* [54] seine Zeilen angesichts dieses Grabes geändert haben.

Die Arbeit ging weiter. Der Postverkehr mit der Heimat war für uns Sträflinge verboten. Dennoch brachte ich eine Karte durch, welche meine Eltern erhielten. „Mir geht es gut, befinde mich in `Waldheim`." Das verstanden sie. `Waldheim` war in Sachsen das große Zuchthaus. Außerdem stimmte die Bezeichnung für das Camp, welches im Wald eingebettet lag.

Kurz darauf besuchte ein Heimkehrer meine Eltern und berichtete alles. Er ist zwei Jahre später an TBC gestorben.

Inzwischen war es Herbst geworden, und Regen erschwerte das Arbeiten. Bis über die Knöchel versanken wir auf dem Arbeitsweg im Schlamm. Nachts tropfte Wasser durch die Erdbunkerdecke und störte den Schlaf. Lediglich wasserfrei waren die Unterkünfte. Auch die Läuseplage hatte nachgelassen, da wir uns jeden Tag im Steinbruch an einer Quelle abwechselnd wuschen.

So vergingen die Wochen.

So starben täglich die Schwachen.

Wieder fragte ich mich: „Wann bist Du dran?"

---

[54] *Ludwig Uhland*, 1787-1862, deutscher Dichter. In Anlehnung an die *Uhland*'sche Ballade „Des Sängers Fluch": „Versunken und vergessen, das ist des Sängers Fluch".

Nach der Fünften Woche in U. wurde eines Abends das Lager zu einem Appell zusammengerufen. Fünf *Tschelowek* wurden wegen guter Arbeitsleistungen aus der Strafbrigade entlassen. Der fünfte Name war meiner.

Dieser Befehl war vom Rayon-Chef gekommen.

Meine nächste Station war das Lagerrevier. Tage später wurde ich abtransportiert in ein Lazarett. Ich war am Ende. Was geblieben war, waren 86 Pfund Körpergewicht gegenüber einem Normalgewicht von 140 Pfund.

Im Lazarett kam die große Reaktion auf diese wochenlange körperliche und seelische Zermürbung.

**16. Kapitel.** *Russisches Lazarett*

Nun lag ich auf der Pritsche und fror und darbte unter den gleichen Bedingungen, wie ich sie Kapitel zuvor geschildert habe.

Jämmerliches, gottverdammtes Dasein!

Meinen Tabak verkaufte ich für Lebertran. So war ich nach Wochen doch so weit, dass ich wenigstens zur Toilette gehen konnte, ohne schwindlig zu werden.

Die ersten Tage brach ich immer wieder zusammen. Die Reaktion auf die plötzliche Ruhe nach der harten Arbeit war zu groß.

Dennoch, ich war unglaublich zäh! Andere waren lange tot. Sie starben auch hier täglich. Nur ruhiger ...

Wieder Wochen darauf wurde ich Lazarett-Masseur, da ich dies von meiner Amateur-Laufbahn beherrschte. Allerdings war es hier Heil- und keine Sportmassage. Was für mich dabei heraussprang waren doppeltes Essen und hin und wieder irgendeine andere Vergünstigung, wenn ich den russischen Arzt selbst massierte, weil er an Rheumatismus im Rücken litt. So ging es doch wieder aufwärts mit mir.

Wieder Wochen später war ich nach russischen Begriffen doch schon „in well a condition" zu arbeiten. Aber es erfolgte keine Abstellung. Immer sagte der deutsche Arzt bei der Kategorisierung zum russischen Arzt: „ Das ist der Masseur." So blieb ich beim Stammpersonal.

Ich fand noch Zeit genug, mich mit Werken *Lenin*s und *Stalin*s und anderer kommunistischer Literatur zu beschäftigen. Die Doktrinisierung und geistige Beeinflussung, von ganz falschen Voraussetzungen ausgehend, widerten mich an. Wenn mir die geistige Verführung zu „dick" wurde, fing ich Wanzen und markierte die Stelle auf diese sarkastische Art und Weise mit deren Blut in den Büchern.

Dem russischen Arzt wurde irgendwie bekannt, dass ich mich mit dieser Literatur befasste. Dies ließ mich in seiner Achtung ungeheuer steigen. Wie gerne hätte ich ihm meine wahre Meinung gesagt, aber ich konnte nicht. Schon einmal hatte ich das Porzellan zerbrochen. Warum ein zweites Mal? Wofür oder für wen sollte das gut sein?

So sprach ich, wenn ich mich mit ihm unterhielt, ganz das Gegenteil von dem, was ich dachte. Daraus ergab sich für mich der Vorteil, dass er mir eines Tages die Erlaubnis erteilte, ohne Bewachung ins Dorf gehen zu können. In seinen Augen war ich der beste Kommunist.

In dieser Zeit war es Frühling geworden, und der letzte Schnee war geschmolzen. Wir schrieben um den 1. Mai 1947. Ich erinnere mich dessen noch recht gut, weil ich an diesem Tage wieder einmal von meinem Sonderprivileg Gebrauch machte.

Ich wollte das Feiern des „Tages der Arbeiter" im „Arbeiterparadies" selbst miterleben. Das Bild, welches sich mir bot, war ungeheuer traurig. Vor dem Dorfmagazin standen die Leute in ihren ärmlichen, staatlichen Stepphosen und -jacken und tauschten diese gegen eine leichte staatliche Sommergarnitur. Auch die Filzstiefel gegen Schuhe. Es war alles so minderwertig, dreckig und ärmlich. Die großen Ratten spielten wieder wie Katzen um ihre Füße. Dazu bekam jeder zur Krönung des Tages einen Liter Wodka als Geschenk. Damit wurde der Tag „gefeiert", der ganze Kummer dieses Vegetierens hinuntergespült, bis zur Besinnungslosigkeit sich besoffen.

Das war das Beste, denn wusste man, ob man morgen nicht schon aus dieser Hölle eines Verbannungsgebietes in ein noch schlimmeres oben am Eismeer in Sibirien transportiert würde?

Grauenhaftes rotes Paradies!

Wieder Wochen später wurde mir meine Freiheit doch noch zum Verhängnis. Der russische Arzt erinnerte sich, wie ich im Dorf Seife gegen Tabak tauschte für einen Mitgefangenen, der das Lazarett selbst nicht verlassen durfte. Was half meine Erklärung, dass ich nie in meinem Leben geraucht hatte! Plötzlich war ich in seinen Augen kein Kommunist mehr.

Bei der nächsten Kommissionierung wurde ich mit aufgestellt in der Gruppe derer, die in die Heimat entlassen werden würden. Ich wusste genau, es war wieder die alte russische Schweinerei. Mimikry und *Maskirowka*! Vorspiegelung und Maskerade!

Warum mich darüber noch aufregen?! *Nitschewo* ...

Ausrüstung, Abschiednehmen, Verladung und Transport erfolgten schnell.

**17. Kapitel.** *Sibirien – Arbeitslager*

Wir landeten im Rayon Tomsk in Sibirien. Das geographisch Interessante an der Sache war die Fahrt mit der Transsibirischen Bahn, die von Petersburg, Moskau, Kasan, Syzran, und Kuibyschew an der Wolga, wo ich gewesen war, weiter nach Omsk, Nowosibirsk und schließlich Tomsk führt und über Krasnojarsk, Irkutsk am Baikalsee, Tschita, Charbin und Wladiwostok am Japanischen Meer endet. [55] Das wusste ich noch aus meiner Schulzeit. Wie oft waren damals meine Gedanken und Sehnsüchte auf diesem längsten Schienenstrang der Erde entlang geeilt? Sechzehn Tage Bahnfahrt um die halbe Welt! Diese Welt hatte 800 Jahre zuvor ein *Dschingis Khan* beherrscht – aber ohne Eisenbahn! Welch gigantische Leistung eines vergessenen Großen dieser Erde!

Sechzehn Tage Fahrt durch ferne, fremde Länder, durch dieses mysteriöse, unheimliche Sibirien! Nicht hatte ich gewagt zu hoffen, dieses einmal zu schauen! Nun war es bald Wahrheit geworden. Aber unter welchen Bedingungen! Immerhin sie waren besser als die des ersten Transports.

Auch war heißer Sommer. Zweimal in dieser Zeit rauschte „Der Blaue" an uns vorbei. Einmal von Europa nach Asien und einmal in anderer Richtung. Der blasse Eindruck, welchen ich von diesem Zug bekam, war der, dass er keinen Vergleich mit dem Orient-Express, dem Skandinavien-Express oder ähnlichen Fernzügen aushalten würde. Er war halt „russisch". *Nitschewo!*

Die Strecke war zweigleisig. Wie viele Millionen Strafgefangene an diesem Schienstrang wohl hatten ins Gras beißen müssen? Oder waren es nur Hunderttausende? *Nitschewo!* Was spielte das für eine Rolle? Wesentlich allein war, die Züge rollten auf diesem Schienenstrang dahin und verbanden das weite Asien mit dem europäischen Russland, und dieses ging zu dieser Zeit bis an die Elbe!

Für mich begann das alte Elend. Arbeitslager. Wir machten Beton- und Zementstücke. Ich hatte ja schon etwas Ahnung davon.

Das Essen war hier etwas besser, obwohl vordem die gleichen Verhältnisse geherrscht hatten wie in meinem alten Lager.

Gleich in der ersten Woche hatte ich Gelegenheit, mit in die nächste Kreisstadt – anderthalb Tage weit – mit drei LKWs zu fahren, um Verpflegung zu fassen. Mir ist diese Fahrt sehr in gegenwärtiger Erinnerung geblieben. Unterwegs

---

[55] Die *Transsibirische Eisenbahn*, verkürzt auch *Transsib* genannt, erbaut zwischen 1891 und 1916, ist mit einer Länge von 9 298 km die längste befahrene Bahnstrecke der Welt. Ihr Startbahnhof liegt nicht in St. Petersburg, wie ursprünglich vorgesehen und angegeben, sondern in Moskau. Es ist schon seit 70 Jahren der dortige Jaroslawler Bahnhof. Ihr Endbahnhof befindet sich im entlegensten Osten Russlands, es ist der Bahnhof von Wladiwostok.

auf dem Lastwagen aßen wir drei *Plennye* soweit wir konnten erst einmal unsere „Vorschussverpflegung" auf. Dann wurde irgendwo im Walde Holz geschlagen und aufgeladen, damit der *Natschalnik* und die Kraftfahrer etwas zum „Verschachern" in der Stadt hatten Dort waren diese immerhin aber so anständig, jedem von uns ein ganzes Brot, Quark und Tabak auf dem schwarzen Markt zu kaufen. Dies für unsere Mithilfe und unser Schweigen.

Die Verpflegung, um welche wir gefahren waren, wurde im „Magazin" gefasst. Ich will dies wie folgt beschreiben. Es war eine alte halbzerfallene Kirche, schön noch im Vergehen und erhaben im Verfall. Durch die Fensterhöhlen strich der Wind. Auf dem mosaikbelegten Altarplatz lagen eingesalzene Weissfische wohl 15 Meter hoch. Die braune Salzlake lief über der Heiligen Gesicht, suchte sich weiter ihren Weg zum Mehlstapel und bildete rund um die Kanzel einen kleinen See. Überall war es schlickig. Frische, gestapelte Seife war eingerutscht und bildete mit Rinderköpfen und -füßen am Bekleidungsstapel ein wüstes Durcheinander. So sah es in der ganzen Kirche aus. Ein Tohuwabohu ohne Gleichen. Selbst die Ratten – unheimlich wieder in jener Halbmetergröße – kannten sich hier nicht mehr aus.

In diesem Durcheinander stahlen wir, was wir nur konnten. Ein LKW wurde mit Fisch beladen. In jede Kiste, so es nur möglich war, packten wir unten einen Riegel Seife hinein von einigen Kilo Gewicht. Unser *Natschalnik*, der es bemerkt hatte, deckte uns und bestahl uns seinerseits später wieder, indem er uns alles wegnahm und verkaufte. Es war ein erheblicher Wert damals. So klauten wir für ihn.

Auf dem zweiten LKW wurden Rinderköpfe und -füße noch im Fell als unser Verpflegungsfleisch verladen. Es stank unglaublich und glänzte vor Dreck und Schmutz. Eine angenehme Last wurde auf den dritten LKW geladen: Zucker. Fast den ganzen Wagen hatte ich alleine geschleppt, taumelnd und unsicher in den Schritten. So nahm ich das Recht für mich in Anspruch, heimwärts auf diesem LKW zu sitzen. Nachdem wir alles an Verpflegung gefasst hatten, fuhren wir von der Kirche zum legalisierten schwarzen Markt, wo der *Natschalnik* mit unseren gestohlenen Sachen ein gutes Geschäft machte. Immerhin brachten wir doch einige Riegel Seife beiseite und verkauften diese weit unter dem Preis abends in einer Karawanserei, desgleichen auch Fische. So hatten wir nun endlich einmal genug Brot, Tabak, ein wenig Butter, Backpflaumen, etwas Obst und gebackene Plinsen. Wir waren das erste Mal in drei Jahren wieder satt.

Gern erinnere ich mich an diesen Platz, der wohl schon die Reiter *Dschingis Khans* beherbergt hatte. Die Leute – alles reisende Nomaden – waren freundlich zu uns und beschenkten uns zum Teil mit dem Wenigen, was sie selbst hatten und entbehren konnten. Mich fragten sie stundenlang aus über das sagenumwobene *Germanija* [56]. Am Abend sangen sie am offenen Feuer im Hofe

---

[56] Im Original: *Germany*, russ.: *Германия,* was die Nomaden wohl benutzten.

ihre fremdartigen, schönen, romantischen, schwermütigen und wilden Lieder. Ich blieb ihnen mit „Stenka Rasin" [57] und „Es steht ein Soldat am Wolgastrand ..." aus dem „Zarewitsch" [58] nichts schuldig und erntete Sonderbeifall. Das war Asien! So hatte ich es mir vorgestellt in all seiner Fremdheit und Wildheit. Das war *Karl May*'s „Ardistan und Dschinnistan" oder „Durchs wilde Kurdistan" [59]. Später rollten wir uns in unsere Decken und schliefen unter diesem hohen sibirischen Himmel. Da wir im Freien schliefen, hatten wir Ruhe vor den Wanzen.

Am anderen Morgen herrschte reges Treiben. Alles rüstete zum Aufbruch. Welcher Beschäftigung und welchem Erwerb diese Menschen wohl nachgingen? Auch wir machten uns auf die lange Reise. Gemäß meiner „Sonderleistungen" saß ich auf den Zuckersäcken. Dann verrannen Stunden.

Abends machten wir Halt in einem Dorfe. Wir standen abwechselnd Wache und bewachten uns somit selbst. Früh brachte der *Natschalnik* einen Eimer Milch für uns. Das war das einzige Mal in meinen drei Jahren Gefangenschaft, dass ich Milch trinken konnte. Der Erfolg stellte sich Stunden später ein. Dann saß ich auf der letzten Klappe des fahrenden LKW. Mir war alles einerlei. Wenn ich noch was dachte, so waren es die klassischen Worte des „Götz von Berlichingen" [60].

Spät am Nachmittag stieg ein russischer Offizier zu mir auf den Wagen, um mitzufahren. Dies war mir insofern unangenehm, als ich keinen Zucker mehr essen konnte. Wir unterhielten uns. Dann setzte ich alles auf eine Karte, angelte eine Hand braunen Zuckers durch das bereits gebohrte Loch aus dem Sack und gab ihm diesen. Er nahm und aß. Ich auch. Hunger tut halt weh, auch wenn zehn Jahre Sibirien am Eismeer im Hintergrund drohen.

Nach dieser Abwechslung verlief wieder ein Tag wie der andere. Im Hochsommer wurde ich auf ein sowjetisches Staatsgut [61] abgestellt.

---

[57] *Stepan „Stenka" Rasin* war ein Ataman der Donkosaken. Er war Anführer eines Aufstandes gegen das russische Zarenreich im 17. Jahrhundert. Er wird in dem gleichnamigen russischen Volkslied besungen.

[58] Der „Zarewitsch" ist eine im Jahre 1927 uraufgeführte Operette von *Bela Jenbach* und *Heinz Reichert* Die Musik wurde von *Franz Lehár*, 1870-1948, komponiert.

[59] Roman bzw. Reiseerzählung des deutschen Schriftstellers *Karl May*, 1842-1912.

[60] *Gottfried „Götz" von Berlichingen zu Hornberg*, „mit der eisernen Hand", 1480-1562, war ein fränkischer Reichsritter, der im Deutschen Bauernkrieg, 1524-26, auf Seiten der rechtlosen Bauern stand. Ein literarisches Denkmal setzte ihm *Johann Wolfgang von Goethe*, 1749-1832, in seinem 1774 uraufgeführten Schauspiel „Götz von Berlichingen" mit dem sogenannten „Götz-Zitat" als Antwort auf die Aufforderung zur Übergabe seiner Burg: "Vor Ihro Kayserliche Majestät, hab' ich, wie immer, schuldigen Respect. Er aber, sag's ihm, er kann mich im A.... lecken." (Hin und wieder auch als „Schwäbischer Gruß" bezeichnet)

[61] „Staatsgut" wird im Russischen durch das Kurzwort *Sowchos*, d.h. *совхоз*, „Sowjetskoje chosjajstwo", d.h. „Sowjetwirtschaft", wiedergegeben.

**16. Kapitel.** *Sowchos-Lager*

Nun sollte auch ich das noch erleben. Eigentlich ging ich mit etwas Freude. Meine Gedanken waren, dass hier das Essen etwas besser wäre.

Erst jedoch waren es die Unterkünfte, welche - neu als Erdbunker errichtet - fast wanzenfrei waren. Auch die Läuseplage ließ nach, denn unmittelbar am Lager floss ein munterer Bach vorüber, in welchem wir uns immer waschen konnten. Erstmals nach zwei Jahren Gefängnishaft bekamen wir nun ein Handtuch. Das war eine Wohltat, umso mehr wenn wir heftig schwitzten und schmutzig wurden.

Das Essen – immer noch die Hauptsache – war die größte Katastrophe, welche ich in dieser Weise mitgemacht habe. Es gab früh, mittags und abends grüne Tomaten in Wasser gekocht, vorher zerhackt, ohne Mehl, ohne Fleisch, ohne Fett! Und das genau während dreier Monate, dreimal am Tage. Dazu 770 Gramm Brot, Zucker und Tabak!

Das Sterben fing wieder an!

Es war die Zeit der Roggenernte. Das Feld, welches wir abzuernten hatten, war wohl 2 Kilometer lang und 500 Meter breit. Wir machten es mit 22 alten Sensen und 25 Sicheln von früh 4 Uhr bis abends 9 Uhr, in tage- beinahe wochenlanger Arbeit. Ich nahm beim schnellsten Mäher auf und band die Garben. Zuweilen rasteten wir, schlugen die Körner aus und aßen diese. Unerwartet kamen sie später wieder.

Unsere Norm war ein 2,50 Meter breiter Schwad auf eine Feldlänge. Diese Norm haben wir ein einziges Mal in diesen Wochen geschafft ... für 200 Gramm mehr Brot pro Person!!!

Die Hitze in dieser Zeit war ungeheuer. Wir sahen so braungebrannt aus wie Neger. Ohren und Nase waren so wund und aufgerissen von der Sonne und dem Wind, dass wir schon teilweise Fieber hatten. So waren wir froh, dass der Sommer schnell verging, während wir mit langen dreigabligen Ästen (Gabeln gab es nicht) die Kornpuppen auf Wagen luden und diese zur Dreschmaschine fuhren. Wir droschen und stapelten ganze Häuser von Stroh.

Die Hirse-, Weizen- und Kürbisernte war das nächste. Dann schloss sich die Erbsen- und Gurkenzeit an. Am ersten Gurkenarbeitstag – ich weiß es noch wie heute – habe ich 36 Stück gegessen und einen halben Zentner ins Lager geschleppt, den mir der Posten am Lagertor wieder abnahm.

Überraschend wurde ich mit noch fünf Mann zum Kartoffelbunker abgestellt. Wir hatten die Knollen über eine Schüttelrutsche zu sortieren und im Bunker zu lagern. Es waren die sechs besten Arbeiter vom Roggenfeld, die nun hier zusammen waren. Täglich kam der *Natschalnik* – Texasreiter genannt – auf seinem kleinen, schwarzen Pferd, von dem seine Beine bald den Boden berührten, und sah nach dem Rechten. Ich nannte ihn nach *Cervantes* „Don Quijote" [62], den „Ritter von der traurigen Gestalt". Ob dieser wohl auch noch auf seinem Sterbebett so klug werden und zur Einsicht kommen würde wie jener echte Don Quijote, der – ein Narr Zeit seines Lebens – doch noch alle seine Narreteien erkannt und bereut hatte? Der nur noch bereute, dass ihm nicht mehr Zeit blieb, der Welt zu beweisen, dass er zwar als Narr gelebt, nicht aber als solcher gestorben ist. „Ich war ein Narr Zeit meines Lebens und bin klug geworden!" So ist dieser als kluger Mensch gestorben.

Der „Texasreiter"? Oh nein, er würde als Kommunist sterben, verhungern für die Idee der Weltrevolution im Hoffen des Kommens des herrlichen proletarischen Paradieses der Arbeiter. Wahrheit ist halt immer das, was man glaubhaft machen kann. Doch davon wusste er nichts.

Wir arbeiteten.

So verlieh er uns das Privileg, dass wir so viel Kartoffeln kochen konnten, wie wir wollten, nicht ohne dass wir ihm jeden Tag einen Sack voll in seine armselige Hütte schleppten, den er bald zu Geld gemacht hatte. Da war er kein Kommunist, da war er Kapitalist. Uns war es einerlei so lange wir hatten. Weiß Gott woher ein Kessel organisiert wurde, während eine tägliche Demontage des Bunkers das Holz lieferte. So kochten wir Kartoffeln, Zuckerrüben und Tomatenbrei in einem, täglich 40 Liter, und aßen diese zu sechst oder acht immer auf. Obwohl es Raubfutter war, kräftigte es uns doch. Auch hob sich unsere Stimmung, da wir allein und frei waren. Dies war ein köstliches Gefühl.

Morgens marschierten wir allein los durch die taufrischen Felder zu unserer Kartoffelburg. Ich sang voll Lust über den sonnigen Morgen „Die Sonn' erwacht mit ihrer Pracht!" aus „Preziosa", der Zigeuneroper [63]. Dann kam ich auf den Gedanken, rennen zu versuchen, ein Stück zu laufen. Ob das wohl ginge?

Und es ging!

Ich war so glücklich an dem Tag, so verrückt, so ganz aus dem Häuschen darüber, dass ich wieder so viel Kraft in den Beinen hatte zu rennen, dass ich die vollen Kartoffelkörbe im Laufschritt in den Bunker schleppte. Ich musste immer rennen. Ich benahm mich wie ein kleines Kind. So eine Freude!

---

[62] *Miguel de Cervantes Saavedra*, 1547–1616, war Schriftsteller und Nationaldichter Spaniens. Sein „Don Quijote" ist weltberühmt.
[63] Komponist der Oper war *Carl Maria von Weber*, 1786-1816.

Die anderen konnten es noch nicht. Aber ich! Ich war wie von Sinnen. Alles schien mir besser und hoffnungsvoller zu sein. So dachte ich, während die anderen *Plennye* im Lager weiter an der grünen Tomatensuppe starben.

So dachte ich nicht an *Schiller*s Worte „Ach, das Unglück schreitet schnell ... ".[64] Allein, schon die nächste „Fleischbeschau" machte dem Glück ein Ende. Ganze acht Mann gingen in ein Steinbruchlager. Wir sechs und zwei Mann aus der Küche. Also ging es doch wieder los, dieses russische *Perpetuum mobile*. Wir waren wieder „oben" angelangt, fertig zum „Abstieg".

Nun, dieses Mal ohne mich! Das stand bei mir fest. Ich wusste von anderen, die dieses Auf und Ab schon ein halbes Dutzend Mal mitgemacht hatten, diesen „ewigen" Kreislauf!

Mein Entschluss stand fest. Ich würde nicht mehr mitmachen, mochte es nun kommen, wie es wollte. Dann besser unter die Erde! Angst hatte ich nie gekannt, nicht vor dem Tod. Also dieses Mal ohne mich. Dann begann es. Es war der 1. November 1947.

---

[64] Zeile aus dem „Lied von der Glocke" von *Friedrich Schiller*, 1759-1805

**19. Kapitel.** *Steinbruchlager „K."*

Das Lager lag auf einem ebenen, flachen Plateau, welches sich hoch über dem Fluss erhob. Unmittelbar hinter der alten halbzerfallenen Holzbaracke begann der 200 Meter lange steile Anstieg, der nur für Menschen passierbar war. Es war eine kleine, geröllübersäte Gletscherspalte, die im Frühjahr auch für uns unpassierbar werden sollte. Täglich gingen wir diesen Weg, dann über die Brücke am Fluss dem Steinbruch zu.

Wieder brachen wir das Material aus den steilen Felswänden des Flusses. Sie stiegen senkrecht hoch auf.

Ich musste an den Tempel der *Nofretete* [65] in Luxor denken, der vor gelben hohen Flusswänden des Nils errichtet worden war. Wieviel tausende von Sklaven mussten damals umgekommen sein? Und heute? Waren es weniger?

Wir verrichteten die gleiche Arbeit. Nur die Steine dienten einem anderen, einem materiellen Zweck gegenüber dem kulturellen vor 5 000 Jahren. [66] Sonst war alles wohl gleich mit damals: das Sklavenhaltersystem, die Arbeitsnormen und die Geräte. Und die Wertlosigkeit des Menschen.

Allein die vier Kilometer des Weges zweimal am Tag mit dem steilen Anstieg bedeuteten eine große Anstrengung für uns. Dies umso mehr als der Weg schlammig und mit großen Wasserlachen überzogen war. Die Norm betrug wieder 1 ½ m$^3$ pro Mann, die keiner schaffen konnte. Demzufolge war die Verpflegung schlecht.

Im Lager war es sauber. Auch die *Banja* [67] war immer offen, und Wasser war vorhanden. Die Wanzenplage war gering. So wurden wir nach 2 ½ Jahren das erste Mal wenigstens einigermaßen Mensch.

Vorübergehend waren auch japanische Kriegsgefangene im Lager, die jedoch bald in ein anderes Lager weitergeschleust wurden. Sie hatten die gleichen Lebensbedingungen wie wir Zeit ihrer Gefangenschaft gehabt.

Hinsichtlich ärztlicher Betreuung war dies mein bestes Lager. Es gab einigermaßen Medikamente und Verbandsstoff. Auch die „Fleischbeschau" war etwas gründlicher und gerechter; vornehmlich jetzt, da es kälter wurde.

Ab minus 25 Grad Celsius brauchte tatsächlich niemand mehr zur Arbeit ausrücken. Bei minus 24 Grad Celsius gingen wir noch früh acht Uhr zur Arbeit.

---

[65] *Nofretete* war die Hauptgemahlin des altägyptischen Königs *Echnaton* und lebte im 14. Jahrhundert vor *Christi* Geburt.

[66] Hier bezieht sich *KN* wohl auf die vordynastische Zeit, denn die Tempel von Luxor gehen auf eine wesentlich jüngere Zeit, nämlich auf die des 13.-14. Jahrhunderts vor *Christi* Geburt, zurück.

[67] *Banja*, russ.: баня, bezeichnet ein Badehaus sowie ein traditionelles russisches Dampfbad.

Dann kam gegen 20 und 11 Uhr die Sonne durch und drückte die Kälte erst einmal in unser Flusstal. Dann hatten wir oft minus 30 Grad Celsius. Nachmittags war es hernach erträglicher. Oben auf dem Plateau raste uns abends auf dem Heimweg der sibirische Wind entgegen. Es gab manches harte Duell mit dem Winterkönig der Steppe. Mit unserer letzten Energie kämpften wir dagegen an, und … wir verloren oft.

Wieder Erfrierungen und drei ganz Erfrorene. Im Schneesturm waren sie vor Erschöpfung im Dunkeln liegengeblieben. Am anderen Morgen fanden wir sie dann. Voll Ruhe und Frieden war der Ausdruck ihrer Gesichter. Sie waren der Hölle entkommen.

Die Verpflegung bestand in der Hauptsache aus Kartoffelsuppe von grau-brauner Farbe, dünn, jämmerlich im Geschmack. Wie konnte sie auch schmecken, waren die Kartoffeln doch neun, zehn, elf, zwölf, später dreizehn und vierzehn Mal gefroren und wieder aufgetaut. Es war ein stinkender, übler, brauner Brei. Wie es der Küche gelang, damit doch noch so etwas wie eine Kartoffelsuppe herzustellen, ist mir ein Rätsel.

In diesen Wochen war ich meinem Vorsatz treu geblieben: „Ohne mich!" Ich marschierte mit zur Arbeit, blieb in Bewegung, damit ich nicht erfror, aber Steine brach ich keine. Niemand wollte mehr mit mir arbeiten. Keine Brigade wollte mich haben. So war ich gar bald wieder, was ich schon einmal gewesen war: „das schwarze Schaf des Lagers". Dieses Mal von 1 200 Mann. Selbstverständlich, dass ich wieder zum NKWD musste. Lampen, Stimme aus dem Dunkel und wieder das Gefühl eines kalten Pistolenlaufes, der auf mich gerichtet war. Der alte Dreh. Fragen. Drohungen. Was wollte der noch? Ich war ja in Sibirien! Kamtschatka, Nowaja Semlja, Kap Tscheljuschkin? *Nu ladno!* [68] Vielleicht fand ich dort Ruhe! Das dauernde Treiben, Puschen und wieder Antreiben hatte doch auch an meinen Nerven gezehrt in den Wochen. Mir war es schon egal, was werden würde.

So einerlei! So unwichtig war alles! Überhaupt nichts war mehr von Wichtigkeit! *Schisko jedno!* [69] Verfluchte Scheiße!

Die Nacht quartierte ich wieder im Loch. Früh holte mich das neue „Rumpelstilzchen" zum Arzt. Mit einem Mal war ich wieder „OK". Das hieß nur vier Stunden Arbeit bei bis zu minus 15 Grad Celsius. Deshalb hielt ich durch: „Ohne mich!"

So vergingen die Wochen und Monate. Was ich war, blieb ich: „Das schwarze Schaf des Lagers".

---

[68] *Nu ladno*, russ.: ну ладно, bedeutet in der Umgangssprache „meinetwegen" oder „wie Du willst", „wie auch immer" …

[69] *Schisko jedno*, poln.: *wszystko jedno*, steht für „es ist ganz egal".

**20. Kapitel.** *Das schwarze Schaf*

Ab 30. April überstürzten sich die Ereignisse für mich. Wir wurden *an gros* entnazifiziert. Das ging so vor sich, dass wir einen Tag kein Brot bekamen. Damit waren wir nun keine Faschisten mehr. Eine etwas eigenartige Methode. Aber eben nicht weiter verwunderlich. Sie war halt wieder „russisch". Außerdem brachte unser Brot schönes Geld auf dem schwarzen Markt. Damit ließ sich der Feiertag des Proletariats gut feiern.

Und wie er gefeiert wurde! Zunächst Antreten im Lager. Feierstunde! Die Kapelle intonierte die Internationale. Ansprache des *Antifa*-Aktiv-Leiters. Dazu der *NKWD*. Vorstellung der Bestarbeiter, welche 300 bis 400 % im Vierteljahresdurchschnitt an Arbeitsleistung hatten. Vortreten. Prämienverteilung von 1 000 Gramm Brot an die Aktivisten. Und dafür hatten die armen Würmer drei Monate geschafft wie die Irren! Wie die Verrückten! Nun fühlten sie sich glücklich! Wie war doch der Geisteszustand dieser „Helden der Arbeit"? Wieder war Wahrheit das, was man glaubhaft machen kann.

Nicht bei mir! Auch nicht, als wenig später die 48 schlechtesten Arbeiter vortreten mussten mit mir an der Spitze mit 7 % im Vierteljahresdurchschnitt.

Saboteure, Faschisten, Kapitalisten, Imperialisten, Kriegstreiber: da konnte ich meine Kategorie raussuchen, wo ich reinpasste. Auch wir bekamen unsere Prämie dergestalt, dass wir in der nächsten Zeit in ein Straflager versetzt werden sollten, falls wir die Bewährungsfrist von vierzehn Tagen nicht nutzen würden, um zu Bestarbeitern über Normalarbeiter zu avancieren. Meine Gedanken waren die, welchen *Götz von Berlichingen* so klassischen Ausdruck verliehen hatte. Mehr dachte ich nicht. Nur diese vier Worte. Damit war das Kapitel für mich erledigt.

Am Nachmittag gab es pro Mann 500 Gramm Zucker-Nachlieferung, welche wir schon lange abgeschrieben hatten. Umso größer war die Freude! Auch hatten wir ein schönes Konzert. Operetten, Wiener Walzer, Tschaikowsky, ein paar deutsche Märsche. Das hob die Stimmung.

Nachts träumte ich wirr von einem Mädchen. Aber es war nicht Rumpelstilzchen. Was sie wohl jetzt machte? Ob sie noch den Leidenden half? Sicher wohl. Ich dachte an den deutschen Arzt, der Recht behalten hatte.

Der 2. Mai war ein Sonntag. Wir hatten schon Wochen keinen freien Tag mehr gehabt. So schlief sich alles gründlich aus. Auch sprach man von Entlassungen noch in diesem Monat. Für fünf Bestarbeiter von den fünfzig stand es fest, dass sie mit dem nächsten Transport fahren würden. Dies hatte der *NKWD* ihnen „versprochen". Aber konnte man einem Russen überhaupt ein einziges Wort glauben? Wurde er nicht schon mit Lüge geboren?

## 21. Kapitel. *Wieder Straf- und Straßenlager*

Für mich waren die nächsten Tage bedeutungslos. Am 12. Mai noch in der Nacht wurden wir 48 Mann auf LKWs verladen. Einige von den am 1. Mai vorgestellten Letzten waren nicht mehr dabei, andere waren hinzugekommen. Nach Stunden waren wir am Ziel.

Straßenbau-Lager. Es war nur 200 Mann stark. Früh zur Arbeit. Das war der erste Tag. Noch am selben Abend traf ein russischer Posten vom Hauptlager ein mit einer Liste von 46 Mann, die er sofort mit zurück nahm. Sie würden zur Entlassung kommen.

Mein Name war nicht mit darunter. Sonderbarerweise regte mich das nicht sehr auf, wie man annehmen müsste. *Nitschewo!* war alles, was ich dachte. Außerdem war es der 13. Mai. Wer konnte an solch einem Tag schon Glück haben? War es sicher, ob die 46 zur Heimat fuhren? In drei Jahren waren wir so viel belogen worden! Man konnte nicht mehr glauben.

So saß ich tags darauf wieder auf der Straße auf einem großem Stein, einen noch größeren vor mir und schlug mit einem Steinhammer kleine Brocken ab. Dies tat ich mehr als rhythmische Bewegung denn als Arbeit. Ich hing meinen Gedanken nach, überflog mein junges Leben. Die Zeit der sportlichen Erfolge, dann der Krieg. Trotz des Grauens gab es noch manche frohe Erinnerung:

*Natascha Sdorowa*, die üppige, fremdartige Schönheit der Krim. Sicher bedeckte sie schon das Eis Sibiriens.

Dann *Nadja Mironschuk*, die ich auf der *Muna* [70] in der Lüneburger Heide kennen und lieben gelernt hatte. Sie war so ein prachtvolles Mädel gewesen. Dazu der eine Abend im Dorfkrug, als jemand unachtsam mit seiner Zigarette an ihre weiße Bluse aus nitrierter Seide [71] kam. Das Entsetzen! Ob sie wohl wieder genesen war und heimgekehrt war nach Lopatistschi bei Bertischew?

Ich wünschte denen alles Gute, aber hatte mein Wunsch die Kraft, in Erfüllung zu gehen gegen diese Kriegsmaschine des Hasses und der Lüge und Verleumdung, die - ins Rollen geraten - niemand fähig war zu stoppen?

So ging mir vieles durch den Kopf bis mir wieder zum Bewusstsein kam, wo ich war. Würde das noch einmal ein gutes Ende nehmen hier? Würde ich noch einmal Europa wiedersehen und alle die, welche mir lieb und teuer waren?

---

[70] Als Munitionsanstalt, kurz *Muna*, wurden im Deutschen Reich, 1871-1945, heeres- bzw. wehrmachtseigene Einrichtungen bezeichnet, die hauptsächlich zur Zusammenstellung und Lagerung von Sprengkörpern und Munition dienten.

[71] *Nitrierte Seide* ist eine früher aus Zellulosenitrat hergestellte Kunstseide, die sogenannte *Chardonnet*-Seide. Da sie feuergefährlich ist, wurde ihre Produktion alsbald eingestellt

Viele *Plennye* waren schon in den letzten Monaten wegen geringer Vergehen zu zehn, fünfzehn und zwanzig Jahren Zwangsarbeit verurteilt worden. Ein Freund von mir zu zwölf Jahren weil er ein Kochgeschirr Kartoffeln gestohlen hatte! Warum war ich noch nicht dran wegen Sabotage des russischen Fünfjahresplanes? Als ich das dachte, sprach mich eine Stimme von hinten in russisch an. Ich hatte den Posten nicht kommen hören, so war ich in meine Gedanken versunken.

Ob ich „X" sei. „Ja", sagte ich. Darauf sagte er, ich solle mich fertigmachen und mitkommen ins Hauptlager. Ich würde morgen in die Heimat entlassen werden. Da griff ich hinter mich, nahm mein Kochgeschirr und sagte „*Gotovo*" („Fertig"). Das war mein Abschied von der russischen Arbeit. Ich hatte vergessen, noch einmal hinter mich zu spucken. War ich noch Europäer geblieben?

Nach dem Hauptlager fuhr ich allein per Anhalter. Ich würde ja nicht mehr fliehen! In der Stadt erbettelte ich mir Brot, Fleisch und ein paar Rubel. Die ersten in drei Jahren, die ich mein eigen nannte!

Am Lagertor stand zufällig die Feldscherin und nahm mich mit zur „Fleischbeschau". Hernach sagte sie mir, ich fahre morgen nach Germany. Ich sagte „*Konejeschno*" („Kann sein, wird sein, schon möglich"). Müde und gleichgültig war ich.

Es war das meine letzte Nacht hinter Stacheldraht.

## 22. Kapitel. *Transport in die Heimat*

Am Morgen Antreten, Essenfassen, Zählung. Dann nackt durch das Lagertor, damit wir keine Nachrichten herausbrachten. Vor dem Zaun neue Wäsche, Schuhe, Uniform, Kochgeschirre. Wieder Verpflegung.

Ich war der letzte Mann im letzten Glied und stand dicht am Zaun. Die gehässigen Gesichter der Brigadiere und Bestarbeiter waren mir nah. Dann setzte die Kapelle ein mit „Muss i denn, muss i denn ...". Da schrie ich den Bestarbeitern zu: „Brüder, arbeitet weiter für die UdSSR! Ich werde die Heimat von Euch grüßen! Sie wird stolz sein auf Euch, Bestarbeiter und Aktivisten!"

Dann marschierte ich schon. Eines der wenigen Male in drei Jahren sangen wir aus vollem Halse und aus frohen Herzen. Meinen Nachbarn stieß ich an und fragte ihn: „Du, ist das wahr, oder träumt es mir?"

Wer geglaubt hatte, dass die Transportverpflegung besser sei, hatte sich getäuscht. Der schwarze Markt in Frankfurt an der Oder bot für das Transportkommando genug Gelegenheit, um Geld zu machen. So hungerten wir der Heimat entgegen.

Vorher wurden wir in P. mit noch anderen Transporten zusammengestellt. Hier war es, wo ich den deutschen Arzt, der mir das Leben gerettet hatte, wieder traf. Ich dankte ihm aus vollem Herzen. Ohne seine Hilfe würde ich jetzt nicht heimfahren. Dann rollten wir. Tage. Tage. Tage.

In Brest-Litowsk bekamen wir Zuwachs von acht Mann. Diese kamen von Nowaja Semlja [72]. Sie waren 1916 in Gefangenschaft geraten, nach dort transportiert, hatten neun Monate im Jahr unter der Erde gelebt, im Bergwerk gearbeitet und nicht gewusst, dass es einen 2. Weltkrieg und einen *Hitler* gegeben hatte. Beobachtete man sie beim Essen, wusste man, das waren Tiere geworden. Zweiunddreißig Jahre Nowaja Semlja! Keiner konnte mit ihnen in ein Gespräch kommen. Waren es nicht „verlorene Menschen"? Wer sie entdeckt und zur Entlassung gebracht hatte, konnten wir nicht erfahren. [73]Ob sie wohl ihr Zuhause noch einmal wiederfanden in den Trümmern, in welchen Deutschland lag? Nach zweiunddreißig Jahren! Kannte ein Europäer überhaupt Nowaja Semlja? Nur die

---

[72] Kriegsgefangenenlager auf den Inseln Nowaja Semlja sind aus der einschlägigen Literatur weder für den 1. noch den 2. Weltkrieg bekannt. Die nördlichsten Straflager befanden sich bei Workuta (Festland in Inselnähe; Bergwerke), Murmansk und Archangelsk.

[73] Eine ähnliche Geschichte beschreibt auch *A.I. Solzhenizyn* in einem seiner Bücher: Es sitzen da mit ihm in den späten Fünfzigerjahren im Gulag uralte russische Weißgardisten - seit den ersten Jahren der Revolution - , die noch ein vorrevolutionäres altertümliches Russisch sprachen, sich also kaum verständlich machen konnten ...

wenigsten wussten wohl um diese Insel oben im Eismeer. Das war Frnzösisch-Guayana [74] in vielfach gesteigerter Form!

Nun fuhren sie mit uns Frankfurt an der Oder zu. Schon waren wir in Polen. Die „Geisterlandschaft" des ehemaligen Deutschen Reiches östlich Frankfurts glitt an unseren Augen vorüber. Der Wind spielte mit den Türen und Fenstern der halbzerfallenen Häuser. Ein trostloser Anblick!

Dann waren wir am Ziel. Es ging alles schnell und gut organisiert, Registrierung, Entlausung, Weiterleitung. Mein nächstes Ziel war Pirna als letztes E-Lager [75]. Als der Zug in Dresden hielt und ein Schnellzug nach Plauen über Zwickau auf dem Nachbargleis stand, stieg ich um. Was wollte ich noch in Pirna? Schließlich hatte meine Mutter heute Geburtstag, und seit Monaten hatten meine Eltern kein Lebenszeichen von mir erhalten. Grund genug, schnell heimzufahren!

Im überfüllten Zug stand ein alter Mann für mich auf und ließ mich seinen Platz einnehmen. Es war dies die Ehrenbezeigung des alten Frontsoldaten des 1. Weltkrieges an den Heimkehrer aus dem 2. Großen Krieg.

Als ich mich ein paar Mal kratzte, standen auch die anderen Nachbarn unauffällig auf, gingen zur Toilette und ließen ihre Plätze frei. Es war dies die Schutzmaßnahme vor meinen vermutlichen Läusen.

Als die Sonne alles mit goldenem Licht überflutete, fuhr ich nach Jahren wieder in meine Vaterstadt ein. Was ich sah, waren Trümmer, Ruinen, Zerstörung. Aber ich erkannte alles wieder. An der Rot-Kreuz-Baracke konnte ich nicht ohne „Halt" vorübergehen, gab es doch Schrotsuppe und Brot für die Heimkehrer. Da ich der Einzige war, in Mengen!

Erst als ich kalten Schweiß auf der Stirn spürte, brach ich auf, meine letzten Schritte nach Hause zu tun.

Ja, ja, wenn ich den Wanderer frage, wo gehst Du hin … ? So kam es mir in den Kopf.

Wenige Strassen vor meinem Ziel lief mir noch ein kleines Mädchen mit vielen Gartenblumen über den Weg. Ich kaufte sie ihr gegen Zigaretten ab.

Dann stieg ich das Treppenhaus empor. Wie schwer mir das doch fiel! Das Herz schlug hörbar bis zum Hals. Als ich läutete und sich die Tür öffnete, sagte ich: „Da bin ich. Ich wollte gerne zum Geburtstag gratulieren!"

---

[74] Nach der Hinrichtung von *Maximilien de Robespierre*, geb. 1758, im Jahr 1794, des Führers der Großen Französischen Revolution der Jahre 1789-1794, wurden viele seiner Anhänger nach Frnzösisch-Guayana verbannt, welches fortan für über 100 Jahre als französische Strafkolonie diente.

[75] Vermutlich steht E-Lager für "Entlassungslager".

Aber es war mein Vater. Ihm liefen die Tränen übers Gesicht. Meine Mutter kam nach Stunden wieder von einem Besuch.

Dann tranken zwei Gerippe ganz ordinären Wodka.

## 23.  Nachwort des Verfassers

Damit ist mein Bericht zu Ende. Ich habe vieles vergessen und einiges zum Teil bewusst ausgelassen, denn es sollte ja die Niederschrift meiner Gefangenschaft sein und nicht die Schilderung russischer ziviler Lebensweise, von der ich sage, dass sie so primitiv ist, dass man sie nicht schildern kann, weil uns in unseren europäischen Sprachen Begriffe für diese Armut, Besitzlosigkeit und Rechtlosigkeit des Menschen fehlen.

So habe ich fünf Jahre nach meiner Rückkehr– nun in Amerika – doch noch meine Erlebnisse zu Papier gebracht.

Oft hat man mich in den letzten Monaten gefragt, warum ich in die USA gegangen bin. Nun, ..., ich möchte allen diesen Fragern diesen Bericht in die Hände geben, ..., damit wäre doch diese Frage beantwortet! Und dann möchte ich sagen: „... und weil mir ein gutherziger, fremder Mensch diese Chance gab, ein besseres wirtschaftliches Leben zu führen und in Freiheit zu leben."

Es war ein Deutscher und ein Freimaurer.

*** *** ***

## Nachwort des Herausgebers

Der von Deutschland mit der Annexion Polens im September des Jahres 1939 begonnene 2. Weltkrieg kulminierte in dem verbrecherischen deutschen Überfall auf die Sowjetunion am 22. Juni 1941 und dem darauf folgenden Vernichtungskrieg der Jahre 1941-45. Übermenschliche Anstrengungen der Sowjetunion, unterstützt vor allem durch die USA und – wenngleich zögerlich – Großbritannien, brachten diesen Krieg in sein Ursprungsland Deutschland zurück. Er endete mit dessen bedingungsloser Kapitulation am 8./9. Mai 1945. Der Blutzoll dieser beispiellosen Katastrophe war gewaltig, und er wirkt bis heute nach.

Weit über 75 Millionen Menschen waren infolge des 2. Weltkrieges gewaltsam ums Leben gekommen. Allein die Sowjetunion verlor insgesamt etwa 43,4 Millionen Menschen, davon waren *ca.* 16,9 Millionen Zivilisten. [76] So kostete die 900-tägige Belagerung Leningrads durch die deutsche Wehrmacht 800 000 bis 1,2 Millionen Zivilisten das Leben; die meisten von ihnen verhungerten. In deutschen Konzentrations-, Gefangenen- und Arbeitslagern fristeten etwa 7,5 Millionen ehemaliger Soldaten der Roten Armee ein erbarmungswürdiges Dasein. Dabei fanden fast vier Millionen dieser Menschen den Tod. Zudem waren *ca.* 2,7 Millionen Zivilisten, Jugendliche, Frauen und Männer, zur Zwangsarbeit nach Deutschland deportiert worden. Der Krieg kostete Deutschland insgesamt etwa 7,2 Millionen Menschenleben, *ca.* 5,2 Millionen Soldaten und 2 Millionen Zivilisten. Im Kampf an der sogenannten Ostfront starben etwa 8,4 Millionen sowjetischer und etwa 2,7 Millionen deutscher Soldaten. Ohne den Krieg würden heute in Russland *ca.* 300 bis 400 Millionen Menschen statt etwa 145 Millionen leben; in Deutschland wohl zwischen 100 und 150 Millionen statt *ca.* 81 Millionen Menschen.

Es sei an dieser Stelle einschränkend nur von sowjetischen und deutschen Opfern gesprochen. Der 6 Millionen Toten des *Holocaust* sowie Vertriebenen und unzähligen Opfer anderer europäischer sowie asiatischer Staaten und Nationen, z.B. der fast 6 Millionen Polen inklusive der mehr als 3 Millionen polnischer Juden bzw. der über 13,5 Millionen Chinesen und mehr als 3,7 Millionen Japaner sowie fast so vieler Inder, wie auch der nahezu grenzenlosen Verwüstungen Europas, sei gesondert gedacht.

In russischer, britischer und amerikanischer Gefangenschaft befanden sich nach Ende des Krieges etwa zehn Millionen deutscher Männer. Von den *ca.* 3,2 Millionen der deutschen Kriegsgefangenen in Russland kamen rund 1,2 Millionen um. In amerikanischen Lagern – zumeist auf deutschem Boden - waren es mehr als 3,2 Millionen Kriegsgefangener, von denen etwa eine Million ihr Leben ließ.

---

[76] *The Journal of Slavic Military Studies*, vol. 9. No 1 (March 1996), Цена войны: людские потери СССР и Германии, 1939-1945 (gedruckt mit Veränderungen). http://militera.lib.ru/research/sokolov1/05.html

[77]Auch französische Lager gab es; in ihnen befanden sich etwa 1, 07 Millionen deutscher Kriegsgefangener, von denen eine nicht näher bestimmbare Anzahl zwischen 167 000 und 314 000 daselbst oder bei der Strafarbeit jämmerlich umkamen. Wer nennt - neben den 2 Millionen Toten der deutschen Zivilbevölkerung - die Zahlen der verwundeten und dauerhaft versehrten Zivilisten und Soldaten auf beiden Seiten?

Wenn von Leiden und Tod der Kriegsgefangenen in russischen und deutschen Lagern gesprochen wird, darf nicht vergessen werden, was mehrere Millionen deutscher Kriegsgefangener auch in den Lagern der westlichen Alliierten zu erdulden hatten. Auch hier herrschten Hunger, Krankheit und millionenfacher Tod [78], denn unter Bruch der *Haager Landkriegsordnung* [79] und des humanitären Völkerrechtes einigten sich 1943 die Alliierten, die deutschen Kriegsgefangenen nach dem Sieg der Alliierten nicht als Kriegsgefangene, sondern als Strafgefangene zu behandeln. [80, 81] Sie wurden dem aus einem alttestamentarischen Rechtssatz folgenden Rache-Prinzip geopfert.

Etwa 14 Millionen Deutsche verloren ihre Heimat infolge der Fluchtbewegungen und Vertreibungen des 2. Weltkrieges, davon – abhängig von Zählweise und Registrierung - zwischen 500 000 und 1,5 Millionen auch ihr

---

[77] Die deutsche Bundesregierung übermittelte der UNO noch im im Jahre 1951 die Namen von 1,1, Millionen vermisster deutscher Soldaten, die sich aus Erhebungen auf ihrem Territorium (*ca.* 90 % aller Familien) und dem der DDR (*ca.* 30 %) ergeben hatten. Insgesamt geht man von 1,4 Millionen aus.

[78] *J. Bacque*, Der geplante Tod: Deutsche Kriegsgefangene in amerikanischen und französischen Lagern 1945-1946, S. 14, Pour le Mérite – Verlag, 2008

[79] Die *Haager Landkriegsordnung*, Abkommen vom 18. Oktober 1907 (RGBl. 1907, S. 107) http://www.agmiw.org/wp-content/uploads/2015/06/haager-landkriegsordnung.pdf. Dieses Abkommen ist neben der *Genfer Konvention* des Jahres 1949 ein wesentlicher Bestandteil des humanitären Völkerrechtes.

[80] http://www.rheinwiesenlager.de/Rheinwiesen.htm

[81] Vom 14. bis 26. Januar 1943 fand im marokkanischen Casablanca ein Geheimtreffen des US-Präsidenten *Franklin D. Roosevelt*, des britischen Premierministers *Winston Churchill* und der *Combined Chiefs of Staff* (CCS), eines gemeinsamen Operations- und Planungsstabes der USA und Großbritanniens während des 2. Weltkrieges, statt. Präsident *Roosevelt* verkündete auf einer anschließenden Pressekonferenz als vorrangiges Kriegsziel die bedingungslose Kapitulation ("*unconditional surrender*") des Deutschen Reiches, Italiens und Japans. Damit würden auch alle internationalen Verträge, denen Deutschland angehörte, für dieses Land ausgesetzt werden. Dies beträfe auch die Abkommen von den Haag und Genf. Logisch folgt daraus die Aufhebung des Status „Kriegsgefangener". Gefangene deutsche Soldaten wären demnach „Strafgefangene". Solange das Deutsche Reich bestand, dienten Millionen gefangener alliierter Soldaten *quasi* als Geiseln für eine moderate Behandlung deutscher Soldaten in Lagern der westlichen Alliierten. Dies wurde hinfällig mit der Kapitulation Deutschlands. Deutsche Kriegsgefangene wurden nun als *Disarmed Enemy Forces* (*DEF*) geführt, d.h. als deutsche Gefangene in der Hand der US-Armee, die nicht durch diese versorgt – oder allenfalls täglich weit weniger als 2 000 Kalorien an Nahrungsmitteln erhielten, was den sicheren Hungertod bedeutete - und damit nicht gemäß der Genfer Konvention behandelt wurden.

Leben. [82] In der Sowjetunion wurden von Ende Juni 1941 bis Ende Dezember 942 mindestens 17 Millionen Menschen mit weit mehr als 2 600 Industriebetrieben, großen Mengen an Rohstoffen, unzähligen landwirtschaftlichen Einrichtungen, riesigen Lebensmittel-Vorräten und großen Vieh-Beständen vor dem Zugriff der deutschen Kriegsmaschinerie tief in den Osten des Landes umgesiedelt [83]. Hinzu kamen Millionen kriegsbedingter und politisch-ideologisch motivierter Deportationen von Angehörigen einer Vielzahl von Nationalitäten, z.B. auch der Wolgadeutschen und Krimtataren.

Die Kriegskosten und Kriegsschäden lediglich Deutschlands, die geringer als die Hälfte jener der Sowjetunion waren, betrugen - inflationsbereinigt und der Kaufkraft vom Ende des Monats Mai 2016 entsprechend - die gigantische Summe von etwa € 2 Billionen (europäischer Zählweise). Darin sind die Reparations-Leistungen Deutschlands an die Siegermächte, speziell der Sowjetisch Besetzten Zone und späteren Deutschen Demokratischen Republik, nicht enthalten.

Objektive Lehren aus der Geschichte, sofern sie überhaupt gezogen werden, bestimmen nur während kurzer Zeit das Denken der Menschen wie auch das Handeln ihrer Politiker. Alsdann verschwinden sie schnell auf verstaubenden Regalen von Bibliotheken und Archiven sowie in den Tiefen des weltweiten Netzes. Gehen die Politiker in den Ruhestand und verfassen sie üblicherweise ihre Memoiren, so mag manche verborgene Erkenntnis verschämt wieder auftauchen. Ansonsten wird von einem Gedenktag zum nächsten die historische Wahrheit Schritt für Schritt gebeugt und aktuell eigennützigen Zielen – im Kleinen wie im Großen – angepasst [84]. Hin und wieder – aber ganz selten - gibt es auch Ausnahmen. Eine dieser ist die geschichtsbewusste, schulbuchreife Analyse zum 22. Juni 2016, als dem 75. Jahrestag des Überfalls Deutschlands auf die Sowjetunion, von *Erhard Eppler*. [85]

Schließlich sei daran erinnert, dass – nach den allseits hörbaren, heiligen Nachkriegsschwüren „Nie wieder Krieg! Nie wieder Waffen in deutschen Händen!" - allein im Jahre 2015, siebzig Jahre nach Ende des schrecklichsten aller Kriege, die militärische Rüstung weltweit mit US-$ 1,7 Billionen ein nie

---

[82] *Konrad Adenauer* schrieb im Jahre 1948, dass im Verlaufe der Vertreibungen in den Jahren 1945 bis 1948 etwa 6 von 18 Millionen deutscher Flüchtlinge ums Leben gekommen seien (Ref. 78, S. 261). Sollten diese Zahlen richtig sein, so würden sie zu Verschiebungen in den o.g. Darlegungen führen. Unabhängig von jeder benennbaren Kausalität stellen diese Vertreibungen gleichfalls einen Bruch des Völkerrechts dar.

[83] *V.A. Kumanjew*, ВОЙНА И ЭВАКУАЦИЯ В СССР. 1941-1942 годы, *Новая и новейшая история*, Май 2006, 25 Seiten

[84] Man ist bestürzt, hört man in Deutschland am 22. Juni 2016 von „nur" 27 Millionen sowjetischer Opfer des 2. Weltkrieges anstelle der o.g. 43,4 Millionen umgekommener Menschen, so ausgeführt in der Sitzung des Deutschen Bundestages wie auch in den deutschen Massenmedien. Als konkretes Beispiel möge der Artikel *Berlin erinnert an Vernichtungskrieg gegen Sowjetunion* in der *Ostsee-Zeitung*, No. 144 vom 22. Juni 2016, S. 1, 2 und 4, dienen.

[85] https://drive.google.com/file/d/0ByxMIOjDlAHXbVJqUFBxd0VjM0NVTnZxSE1ZNEV6ZUdtT0dJ/view?pref=2&pli=1

73

gesehenes und dazu den meisten Menschen auch unbekanntes Ausmaß erreicht hat.

Die nunmehr anstelle des Deutschen Reiches als Hauptwiderpart und Herausforderer Russlands auftretenden Vereinigten Staaten von Amerika, auf deren Territorium ein letzter Krieg, der Sezessionskrieg, vor nicht weniger als 150 Jahren stattgefunden hat, übertrafen im Jahre 2015 mit knapp US-$ 600 Milliarden um das Neunfache die Rüstungsausgaben des den Völkern als aggressiv und hochrüstend dargestellten Russlands. Dieses Land steht in der unrühmlichen Rangfolge der Rüstungsausgaben global erst an fünfter Stelle. Von den 4 300 im Jahre 2015 weltweit gezählten Kernwaffen besitzen die *NATO*-Länder etwa 2 520 (die USA 2 080), Russland hat dagegen auf 1 780 abgerüstet. Damit und dennoch sind die einsatzbereiten Kernwaffen-Arsenale beider Seiten für eine mehrfache Selbstvernichtung der Menschheit mehr als ausreichend.

Kann die Absurdität des Gedankens, gleichsam der Unterstellung durch die *NATO*, Russland bedrohe mit der Möglichkeit eines neuen großen Krieges seine Nachbarländer und die Welt, noch übertroffen werden?

Die Apokalyptischen Reiter verharren nicht am Horizont, sie nähern sich uns mit immer wachsender Geschwindigkeit. Die Gefolgsleute und willfährigen Vollstrecker der Unersättlichen haben zu ihrer Begrüßung bereits eine Kakophonie von Panzerrattern und Kriegsgeschrei angestimmt.

Was sollte man nun tun? Das Erinnern an die Schrecken vergangener Kriege ist die eine Seite. Doch das reicht nicht aus, die heutige Menschheit vom Hineingehen in ein viel schlimmeres Abenteuer abzuhalten. Viele Deutsche und Russen haben einander entgegenstehende Lebensläufe. Aber auch viele deutsche Menschen hatten und haben mit russischen ein sehr persönliches, befreundetes Verhältnis, was auch auf den Schreiber dieser Zeilen zutrifft. Wenngleich sich in diesen Beziehungen die Lebenswelten in manchen Punkten unterscheiden, gab und gibt es doch höchst selten ein abgrenzendes oder gar verurteilendes Verhallten - auf beiden Seiten. Jeder interessierte und interessiert sich für den anderen und sucht, ihn zu verstehen. Das wäre die Haltung, die wir – der Einzelne und die gesamte Gesellschaft - eigentlich bräuchten, um aus der jetzigen Situation herauszukommen, nämlich in selbstbestimmter, vertrauens- und verständnisvoller Weise und ohne Beeinflussung und Bevormundung durch fremde Interessen oder Mächte.